"名师研修共同体"

促进思政课教师专业发展研究

秦红　著

上海教育出版社
SHANGHAI EDUCATIONAL
PUBLISHING HOUSE

目　录

绪论

第一章

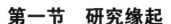

第一节 研究缘起

一、回应立德树人根本任务对思政课教师专业发展的要求

　　落实立德树人根本任务是新时代对教育的期待和要求。思政课是落实立德树人根本任务的关键课程。习近平总书记在3·18讲话中对思政课教师提出了"六要"标准，即政治要强、情怀要深、思维要新、视野要广、自律要严、人格要正，同时还提出了要"做让学生喜爱的人"。虽然国家在教育改革中强调全员育人，也在积极实施学科德育，但思政课教师在培养学生"大德""大志"过程中的重要作用不但不可动摇，还需要继续加强。在新时代，思政课教师落实立德树人根本任务需要强化思政课教师的专业化。本研究以促进中学思政课教师专业化为根本目标，通过对思政课教师名师研修共同体实践成效的评估，从而为思政课教师专业化发展提供借鉴和指导，提升思政课教师专业发展的政策自觉性，以及落实立德树人根本任务的实践效果。

二、研修实效性问题已成为中学思政课教师专业发展的新课题

　　研修可以在一定程度上促进思政课教师的专业发展。这一结论在理论和实践领域已经形成了基本共识，但以往的思政课教师研修的目标存在不够清晰的缺陷，虽然以思政课教师专业发展为研修目标，但在研修实践中却又难以准确把握思政课教师专业发展的目标。此外，思政课教师研修途径和机制多停留在经验重复的阶段，也忽略了对研修效果进行实证性的评估。

　　中学阶段属于青春期，同时又是一个人世界观、人生观、价值观形成的重要时期。中学生群体在思政课学习中有其独特的认知与身心发展特点，对思政课教师有专业素养的诉求。因此，本研究提出"学生心目中的好老师"这一概念，以回应习近平总书记提出的"做让学生喜爱的人"要求，将其作为思政课教师专业发展的新目标，为思政课教师专

业发展提供了新靶向。同时，本研究致力于对思政课教师在研修共同体中的研修效果进行实证性评估，探究其作用机制，为思政课教师专业发展提供科学的路径支撑。

三、名师研修共同体经验值得推广，但需进行实践成效的检验

20 世纪末，上海就率先实践名师培养工作，20 多年来，自始至终坚守如一。自 2010 年，教育部颁布《国家中长期人才发展规划纲要》之后，我国多地开始组织实施以优秀教师、专家型教师、卓越教师培养等为目标的名师研修共同体、名师培养工程或名师培养计划。2014年，教育部正式启动"卓越教师培养计划"。名师研修共同体成为优秀思政课教师专业发展的重要途径之一。名师研修共同体的经验值得借鉴，但是其研修的效果究竟如何，如何进一步提升名师研修共同体对思政课教师专业发展的推动作用，不仅是思政课教师专业化发展的重要议题，也是提升中学思政课育人效果不可回避的议题。目前，对名师研修共同体等相关实践成效的研究主要表现为主观性的经验总结和反思。这虽然非常有必要，但不足以证明其经验的可推广性，需要进行基于实证数据的分析研究。而且，不仅要研究名师研修共同体的研修效果是否有效，还要分析其为何有效，还存在哪些问题。本研究意在尝试这样的研究，通过实证研究来深入还原名师研修共同体的作用机制，发现名师研修共同体的价值和存在的不足，提升思政课教师研修的成效，从而进一步提升中学思政课的育人效果。

第二节　研究意义

一、理论意义

（一）促进思政课教师专业发展理论的构建

促进思政课教师专业发展有很多路径，其中之一是思政名师引领的教师研修。尽管名师引领的研修共同体培养了一大批优秀教师，但是缺乏一套基于理论和实践观测的评价指标对其研修实效进行实证检

验，也不清楚哪些要素有效促进了中学思政课教师的专业素养，哪些问题必须在研修共同体的架构与研修实践中引起重视。本文旨在通过对实践中的中学思政课教师研修共同体进行深度研究，对促进教师专业发展的成功经验进行总结提炼，剖析研修共同体与教师专业发展之间有效关联的真实状态，把符合规律的隐性知识和信息揭示出来，着力探索研修共同体促进中学思政课教师专业发展的机制，为今后思政课教师专业发展的理论构建提供依据。

（二）丰富教师专业发展理论

从文献综述中我们可以发现，直至目前，关于教师专业发展的研究很多，但是关于中学思政课教师的专业发展研究较少；站在教师、专家、上级要求视角进行的中学思政课教师专业发展研究较多，而站在学生立场、学科视角开展的研究较少。

本研究基于学生视角，从政治、业务、性格、品行、形象和兴趣6个方面勾勒了初中道德与法治课教师专业形象的特征模型；发现了学生喜欢的教师形象呈现出六要素特征，以及在单项指标上对教师的政治站位有较高的要求；并进一步结合党和国家对教师的要求、教师自身的专业发展诉求以及学生对教师的要求，尤其突出学生心目中对初中道德与法治课教师的专业形象要求，对中学思政课教师的专业形象要素进行了内涵解读，从一定程度上丰富了教师专业化的理论。

二、实践意义

（一）转变视角，促使指标取向的研修共同体建设目标清晰

在现实的教育教学中，许多名师在研修共同体的构建与实施中时常在回应自己对教师专业发展的理解，但很少站在研修共同体的视角，基于他们对个体专业成长的影响因素，有意识地去架构与实施研修共同体，从而有针对性地促进教师个体与群体的专业成长。因此，本研究通过了解研修共同体建构与实施过程中的真实状态，分析名师研修共同体中的哪些构成要素对中学思政课教师专业成长是有效的，同时也让我们可以非常清晰地知道怎样的研修共同体才能真正促进中

学思政课教师的专业发展。

（二）实证研究促使目标指向的研修共同体建设科学高效

本研究通过实证实践，靠事实说话，靠理论支撑，着力探索一套具有时代性、实践性、指导性，更为科学地促进中学思政课教师专业发展的研修共同体架构与实施的有效路径、策略与方法，以期帮助更多名师了解研修共同体基于目标需求、问题需求、效果需求，获得促进中学思政课教师专业发展的有效路径与原则，并反思自己的研修共同体建设有哪些合适恰当、哪些需要调整与改善，同时将研修共同体建设做细、做实、做强，努力提高中学思政课教师教书育人的能力，有效地提高中学思政课教学的质量，促进中学生学科核心素养的培育。因此，从实践意义上来讲，该研究可以帮助众多名师反思并提高研修共同体建设，促其高效运转，提升育人实效，具有较大的实践指导价值。

第三节　研究设计与过程

一、研究目标与研究问题

本研究拟通过实证研究，分析名师研修共同体对中学思政课教师专业成长的有效性，厘清中学思政课教师专业发展的现状及名师引领的教师研修共同体的应有形态、功能，揭示名师引领的研修共同体对中学思政课教师专业成长的作用机制，提出有效提升中学思政课教师专业性的路径和方法。基于此，本研究的核心问题是"名师研修共同体如何促进中学思政课教师的专业发展？"具体可分为以下4个子问题：

（1）当前中学思政课教师专业发展现状如何？

（2）研修共同体与教师专业发展的关系是什么？

（3）名师研修共同体如何促进中学思政课教师专业发展？具体包含的实践背景、实践框架和运作机制是什么？

（4）名师研修共同体促进中学思政课教师专业发展的实际成效怎么样？

二、核心概念的界定与说明

（一）思政课教师

　　思政学科是我国各地、各学段的学校课程中的必修课程之一，指的是在我国学校中专门针对学生思想政治层面的发展而开设的一类课程，以促进学生的思想品德、道德品质和公民素养发展为目的。思政学科概念并不特指某一课程，而是一类学科。目前，我国大中小学常见的思政学科有义务教育阶段的道德与法治课、高中的思想政治课和大学的思想政治理论课等课程。因此，所谓思政课教师并非针对某一个课程，而是以上学科授课教师的统称。思政课教师的概念在不同的学科中侧重不同，但是基本特质是一致的。2020 年修订的《普通高中思想政治课程标准》指出，"思想政治课教师应发挥积极性、主动性、创造性，按照政治要强、情怀要深、思维要新、视野要广、自律要严、人格要正的要求，不断提高自己的专业素养，坚持政治性和学理性相统一、价值性和知识性相统一、建设性和批判性相统一、理论性和实践性相统一、统一性和多样性相统一、主导性和主体性相统一、灌输性和启发性相统一、显性教育和隐性教育相统一，增强思想政治课的思想性、理论性和亲和力、针对性"[①]。

　　在研究过程中，思政课教师的概念还会与德育教师的概念相互关联。檀传宝曾指出，当前的德育教师或者德育主体有两种形态，即专门的和非专门的德育工作者[②]。由此，可以将德育教师的定义从广义和狭义两个层面来看，广义上的德育教师是所有可以对学生德育发展产生影响，发挥教育作用的教育主体。在学校教育中，所有教职工都承担着教师的德育职责。狭义的德育教师专指德育课程的教师。德育教师专业发展研究针对的就是这一部分专职教师。从这种界定方式来看，思政课教师的概念是包含于德育教师的，基本可以看作狭义的德育教师。

　　综上所述，本研究将思政课教师的概念定义为：在学校中教授思想政治类学科，肩负德育职责的专职教师。根据学科的不同，会对教师的专业素养各方面提出不同的要求，但是各思想政治学科在性质上的一致性和内容上的连贯性对思政课教师全面掌握专业知识提出了要

① 中华人民共和国教育部. 普通高中思想政治课程标准（2020 年修订）［S］. 北京：人民教育出版社，2020：41.
② 檀传宝. 德育教师的专业化与教师的德育专业化［J］. 教育研究，2007（4）：32-34.

求，而且不同学段的学生认知发展水平和经验要求教师有针对性地开展教学活动。最终，不论哪一具体课程的思政课教师，都要具备职业道德、公民道德等思想品质。本研究聚焦初中学段，因此涉及的思政课教师概念主要指的是初中道德与法治教师。初中道德与法治课是义务教育阶段的思政课程，立足发展学生核心素养，主要包括政治认同、道德修养、法治观念、健全人格、责任意识。该课程具有政治性、思想性、综合性和实践性，是落实立德树人根本任务的关键课程。

（二）教师专业发展

界定教师专业发展概念的途径之一，就是以教师专业性或专业发展的内涵为出发点。王晓莉通过研究教师专业性的内涵与历史发展，指出相关研究都会从 3 个方面对教师所需具备的素质加以讨论，即教学所需要的知识与技能、一定的道德责任以及专业自主权。[①]达琳·哈蒙德（Darling-Hammond）等人在一项针对美国和国际教师专业发展的调查研究中指出，提高教育工作者的专业水平"需要提高教师的技能和知识，以确保每一位教师都能够教授越来越多样化的学习者，了解学生的学习情况，胜任复杂的核心学术内容，并且善于教学"[②]。袁丽和周深几指出，教师的专业性包含双层意义：既指教师个体通过职前培养，从一名新手逐渐成长为具备专业知识、专业技能和专业态度的成熟教师及其可持续的专业发展过程，也指教师职业整体从非专业职业、准专业职业向专业性质职业进步的过程。[③]

另一种界定方式是基于将教师专业发展与教师专业化两个概念进行比较形成的。从广义来说，教师专业发展和教师专业化概念是相通的，但是教师专业发展"是从教育学维度加以界定的，主要指教师个体的、内在的专业化的提高"，由此可以将教师专业发展界定为"教师个体不断发展的过程，是教师不断接受新知识，增长专业能力的过程"[④]。宋宏福和方成智在界定教师自我专业发展的概念时也持有类似

① 王晓莉. 教师专业发展的内涵与历史发展［J］. 教育发展研究，2011（18）：38-47.

② Darling-Hammond, L, et al. Professional learning in the learning profession: a status report on teacher development in the United States and abroad. Oxford, OH: National Staff Development Council, 2009: 3.

③ 袁丽，周深几. 新时代背景下教师专业性研究综述——基于指向教育公平与卓越的分析视角［J］. 教师教育研究，2019（4）：116-122.

④ 教育部师范教育司. 教师专业化的理论与实践［M］. 北京：人民教育出版社，2003：50.

观点,"教师自我专业发展意味着教师对自己的专业发展负责,强调教师不仅是专业发展的对象,更是自身专业发展的主人,是一种自我更新、专业自主的发展"①。

思政课教师专业发展的概念是对一般性的教师专业发展概念的细化。张利荣和刘艳平认为,思政课教师专业发展"是指从事思想政治教育的教师通过相关学科专业知识的训练,掌握了一定的专业知识与教学技能,在从业过程中,逐步实现专业自主、养成专业道德、提高专业素质"②。李凤堂和王颖指出了教师专业化发展对思政课教师提出的要求:应自觉运用教育教学规律,有目的地开展教育教学活动,全面系统地了解大中小学思政课课程体系设置的基本状况、课程目标,掌握思政课学科发展的最新内容,自觉提升政治素质和专业发展能力等。③

综上所述,笔者将教师专业发展的概念界定为:为了促进教师个体专业的持续成长,全面覆盖教师的职前、入职、在职不同的阶段的培训和认定,提高教师在专业知识、专业技能和专业情感等方面的素养,以推进教师实现从"新手"向"专家"的跨越。思政课教师专业发展的概念需要进一步结合课程性质来看。首先,思政课教师专业发展同一般性的教师专业发展一样,既需要教师发挥专业学习的自主性,也需要在政府和学校的帮助下实现标准化的专业发展。其次,思政课教师需要有针对性地提高专业知识、专业技能、专业情感等方面的专业素养,具备所授学科的专业知识;学习和开发有针对性的教学方法、教学策略,对课程内容具有全面的把握;具有良好的职业道德和公民道德,对公民社会和法治、道德有深刻认识,可以为学生树立良好榜样。总的来讲,教师专业发展和思政课教师专业发展的概念都体现了自主性、标准化、全流程等特点。

(三) 名师研修共同体

研修共同体这一概念可以拆分成研修和共同体两部分来看。"研修"一词,"研"指的是学习,"修"则有反复、研究之义。在学校教育

---

① 宋宏福,方成智.论教师自我专业发展的有效途径[J].湖南师范大学教育科学学报,2003 (6):69-72.

② 张利荣,刘艳平.高校思政课教师专业化发展的困惑与对策[J].教育与职业,2012 (24):79-80.

③ 李凤堂,王颖.教育科研力:思政课教师专业化发展的重要内驱力[J].天津市教科院学报,2019 (6):65-71.

中，就是以教师为主体开展的研究、学习，以实现教师专业发展的一种方式。教师研修是针对"在现场的教师开展的"①。对研修的相关研究中，最常涉及的便是研修模式。目前，国内外有关研修模式的研究，基本认可将其视作一种实践性的途径。钟启泉曾指出，实践性知识是提高教师专业性的重要手段，而实践性知识的培养旨在作出选择和判断，以便形成专业性的见识，解决基于个别的经验所生成的实践性问题。因此，这不是"传递""讲解""指导"之类的形式所体现的单向的研修和训练，而是基于创造性实践的经验和反思的自我形成与相互交流。②临床教学研究就是培养教师实践性知识的有效方式。在日本佐藤学教授的学习共同体框架中，"同侪互助"模式是其所大力倡导的研修模式。这一模式也在亚洲范围内得到了广泛实践。佐藤学教授曾指出，为了构建可以促进教师专业成长的同僚性，必须通过以课堂观摩为手段的案例研究来进行校内的教研活动，并将其作为学校的心工作内容。③

综上所述，教师研修模式是促进在职教师专业发展的一种有效途径，是指通过培训、合作和临床实践等形式，发现教师教学中存在的问题，并讨论解决方式，以提高教师实践性知识和能力的一种方式。从性质来看，教师研修模式大都是实践性的；从合作方式来看，教师间的互助，大学和中小学间的交流都是可供参考的途径；从内涵来看，教师研修模式呈现动态发展的趋势，具有较强的灵活性。

从共同体的角度来看教师研修，可以发现目前国内具有较为多样化的研修共同体形式。刘涛重点关注了校本研修共同体，其是以学校为单位和组织者的研修管理模式，并指出构建校本研修共同体要把握制度化、层次化和特色化的基本策略。④刘英爱以鸡西市教育学院校长研修共同体为例，指出其共同价值理念是研修引领、相互伴随、共生共长；研修理念是研修引领管理实践，伴随并促进学校发展；研修策略理念是以广泛地、深度地调研为先导，以问题的研究和解决为牵动，以研修模式的创新为动力，以校本研修为主体，以和谐研修促共生，以课堂教学研究为基础，以网络研修促发展⑤。此外，还有网络研修等模式，随着信息化的发展受到越来越多的关注。

① 钟启泉.现代课程论（新版）[M].上海：上海教育出版社，2015：527.
② 钟启泉.教师研修的模式与体制[J].全球教育展望，2001（7）：4-11.
③ 佐藤学，于莉莉.基于协同学习的教学改革——访日本教育学者佐藤学教授[J].外国中小学教育，2015（7）：1-7.
④ 刘涛.走向立体式研修[M].成都：电子科技大学出版社，2015：67-68.
⑤ 刘爱英.校长研修共同体的构建[J].中国教育学刊，2009（8）：48-50.

名师工作室是研修共同体中一种特别的实践形式。教育部 2003年发起了国家名师工程，名师工程开始在各省市逐渐推广开来。魏登尖和邓焰对名师工作室的内涵进行了综述性的研究，发现对于这一概念学界基本达成了以下几点共识：第一，从组成来看，"亦官亦民"是其定位；第二，从职能来看，"名师引领"是关键；从本质来看，"持续发展"是核心；从运作来看，"学习研究"是其目标。他们将名师工作室界定为"由教育行政部门组织或学校领导组织协调，在名师、专家的引领下，通过课题研究、理论学习、课堂研讨、阅读交流、论文撰写等方式对内聚合带动，对外辐射示范，促进教师专业发展的团队组织"[①]。刘穿石通过界定名师，明确名师工作室的目标，将名师工作室定义为："以课题研究、学术研讨、理论学习、名师论坛、现场指导等形式对内凝聚、带动，向外辐射、示范，引领教学改革，促进教师专业化成长的团队组织"[②]。韩爽和于伟分析了不同类型的名师工作室的目标，指出"目标定位的不同往往折射出研究者不同的价值预设，期望借助'名师工作室'的深入研究，达成相应的实践效果和改革目标"，并认为名师工作室承担着教师成长、教学活动、系统性的功能[③]。

综上所述，本研究将名师研修共同体定义为：在名师引领下，促进在职教师专业发展的一种有效研修模式。它以骨干教师为培养对象，通过有目的、有计划、系统地开展学习、实践和研究，实现教师群体与个体专业发展，并在发展中达成相应的实践效果和改革目标。此类研修共同体拥有共同的价值理念和愿景，兼顾共性与个性的目标，以及体系化的研修内容和评价手段，以实践性与研究性相结合、合作性与自主性相融合、示范性和卓越性相并进为主要特征，同时呈现动态发展的趋势。

三、研究方法的选择

（一）文献研究

文献研究主要应用于思政教师专业素养分析，包含以下三方面：

① 魏登尖，邓焰.实践的张力：名师（发展）工作室建设研究[M].福州：海峡文艺出版社，2019：34-35.
② 刘穿石."名师工作室"的解读与理性反思[J].江苏教育研究，2010（30）：4-7.
③ 韩爽，于伟.我国名师工作室研究的回顾与省思[J].东北师大学报（哲学社会科学版），2014（5）：196-200.

第一，通过对国内外教师、思政教师及教师研修模式的相关文献研究，澄清思政课教师的核心素养，以及教师研修的有效路径与方法等；第二，通过学习研修共同体建设的相关理论，如马克思的共同体理论、学习型组织理论、中国古代"和而不同"的哲学思想、日本佐藤学的学习共同体理论，分析研修共同体的内涵和要素；第三，通过学习教师专业发展的相关理论，如教师职业发展阶段论、教师自我更新取向发展阶段论、教师职业生涯循环论、教师职业生命周期阶段论，分析名师研修共同体构建的理论基础。

（二）调查研究

调查研究主要用于分析思政课教师在名师研修共同体中的收获、变化等，主要包含问卷调查和深度访谈。第一，问卷调查。开发开放式和封闭式学生问卷，通过数据收集与分析来展现名师研修共同体对培养学生心目中的思政课教师的专业特征的作用，以及名师研修共同体建设的目标要求。第二，深度访谈。通过对名师研修共同体中教师的口述访谈，探索名师研修共同体是如何作用于思政课教师专业发展的，描绘名师研修共同体作用发挥的路线图。

（三）文本分析

文本分析主要用于研究思政课教师在名师研修共同体中是否发生了变化、发生了哪些变化等，包含过程性文本和课例这一特殊"文本"。第一，过程性文本分析。将包含 H 德育实训基地三届教师的教学设计文本进行纵向比较与横向比较，了解基地研修促进教师专业发展以及促进集体专业发展的经验和规律。使用 SPSS 对过程性资料进行编码，提升处理效率，增强科学性。第二，课例分析。对教师的课堂实录进行分析，比较其参与研修前后的变化，了解基地促进了教师哪些专业素养的发展，以及具体的作用路径与机制。

四、研究过程的开展

为更科学地评估名师研修共同体对于促进思政课教师专业化的作用和效果，本研究拟重点解决的关键问题是：名师研修共同体是否有效促进了中学思政课教师的专业发展？在此关键问题引领下，重点解决以下两个问题：

（1）如何验证有效性，即如何构建思政课教师专业发展的评估框架？

（2）名师研修共同体有效促进中学思政课教师专业发展的机制和路径是什么？本研究的技术路线如图1-1所示。

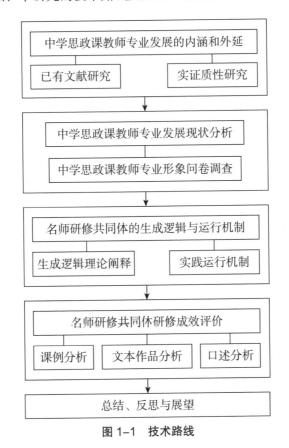

图1-1　技术路线

（一）第一阶段：理论研究

通过对教师素养要求的历史分析和当下分析，解决为什么要培养思政课教师的问题。在此基础上，通过对中学思政课教师专业素养指标框架的设计与实施，夯实本研究的基础，为有效地评估名师研修共同体提供基础。

（二）第二阶段：实践调研

研究从设计问卷开始，对中学生开展开放式和封闭式调研，最终勾勒出中学思政课教师专业素养指标框架。同时，对名师研修共同体的实例进行实际调查，梳理其成立、运行与发展的"故事"，并配合理论研究呈现名师研修共同体生成与发展的"脉络"，建立与指标框架的联结。最后，以三届 H 初中道德与法治学科德育实训基地教师为研究对象，获取名师研修共同体促进其专业发展的口述、文本和课例资料和相关数据，以此开展成效研究。

（三）第三阶段：数据分析

整理并分析上一阶段收集的调研数据，对关于中学思政课教师名师研修共同体有效性的证据资料进行分析，分析其在何种意义、何种程度上来说是有效的，对谁来说是有效的，并分析效果是如何产生的。

（四）第四阶段：总结提炼

总体梳理和整理前期研究成果，重点是对本研究的结论进行进一步分析、总结和提炼，完善文本写作。

第四节　研究的创新点

一、研究视角的创新

本研究选取学生视角，用开放式、封闭式问卷和访谈法对初中道德与法治课教师的专业形象进行实证研究；并用质性信息编码清洗和机器学习模型对问卷中的文本信息进行无监督聚类，从政治、业务、性格、品行、形象和兴趣 6 个方面构建出初中道德与法治课教师的专业形象特征模型；在此基础上，对中学思政课教师专业化发展的内涵进行阐释，一改过去大家对于中学思政课教师专业发展的模糊理解。

二、研究内容的创新

　　本研究通过对名师研修共同体的运行机制和实践成效为主要研究对象，对历届名师研修共同体的成功经验进行总结提炼，探索结合学生视角，促进中学思政课教师专业发展的名师研修共同体运作机制，并对名师研修共同体的实践成效进行实证评估。这突破了以往以经验总结为主的反思实践模式。

三、研究方法的创新

　　本研究突破单一方法论证、以理论思辨为主导的研究范式，综合运用了理论分析、现状调查、经验总结、多元论证等方法，促使理论研究和实践研究相结合，历史研究和现状分析相统一，定量分析与定质分析相融合。本研究在分析学生问卷调查的基础上，形成中学思政课教师专业素养指标框架，用指标框架去分析和衡量名师研修共同体的运作机制和实践成效，尤其是采用课例、作品、口述等多元分析论证方式来检验名师研修共同体的成效，促使经验和规律达成统一；在文献综述、理论运用的基础上，揭示了名师研修共同体的运行机制及其成效。

第二章

文献综述

由绪论可知，本研究所探讨的名师研修共同体促进中学思政课教师专业发展旨在解决3个核心问题：（1）当前思政课教师专业发展现状如何？（2）研修共同体如何促进思政课教师专业发展？（3）名师研修共同体促进思政课教师专业发展的实际成效怎么样？若要解决上述3个问题，这就需要：第一，对一般的教师专业发展理论和标准，以及思政课教师专业发展的理论和标准做广泛且精要的梳理，明确思政课教师专业发展最终需要"走向哪里"的问题。第二，对思政课教师专业发展存在的问题和对策做一般的梳理，以明确本研究的问题靶向和"从哪里出发"的问题。第三，对研修共同体促进教师专业发展的经典模式做一般梳理，以为本研究提出名师研修共同体促进思政课教师专业发展模式提供理论支撑和实践依据，以回答"如何走"的问题。总之，对已有研究的回顾不仅可以帮助我们了解国内外一般性教师专业发展和思政课教师专业发展的相关理论、标准、研修模式，还能帮助我们清晰回答本研究中"从哪里出发？""如何出发？""最终走向哪里？"3个重要问题。

第一节　已有研究回顾

一、国内外关于教师专业发展的研究

通过文献综述可以发现，国内外有关教师专业发展的研究成果较为丰富，在知网数据库以"教师专业发展"为主题搜索的文献有1万余篇，由图2-1可知，自2002年起至2014年，相关文献研究数量呈稳定上升趋势；2014年后略有浮动，不过仍旧稳定在平均每年600篇，可见学者对"教师专业发展"的关注度极高。其中，以"教师专业

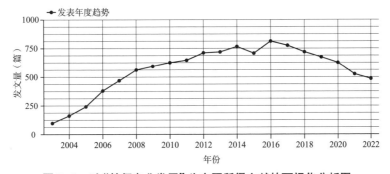

图2-1　以"教师专业发展"为主题所得文献的可视化分析图

发展"为主题的文献达到 1 万余篇, "专业发展"次之, 1000 余篇, "学习共同体"的研究少之又少, 仅有 66 篇。如图 2-2 所示。

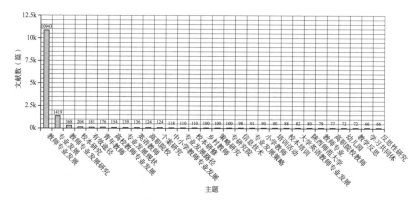

图 2-2　以"教师专业发展"为主题所得文献的主题分布

这些文章既包括理论层面的剖析和建构, 也包括对实践的探索和规律总结。此外, 教师专业发展的政策文件也是目前可以检索到的重要一手文献。以下将从理论研究、政策标准和实践研究 3 个方面展开综述。

（一）教师专业发展的理论研究

1. 教师专业发展的内涵与外延

第一, 教师专业发展的内涵。教师专业发展概念自产生, 便随着研究的不断深入和意识的扭转, 经历了一个逐渐转变的历程。20 世纪 60 年代, 教师专业发展的概念首先在美国产生。之前教师专业发展概念是碎片化的, 关注教师权利、酬劳、工作条件等问题, 并借以提高教师的专业地位; 20 世纪 80 年代后, 教师专业发展才更加关注教师自身专业素养的提高, 专业化发展的概念才逐渐被接受。刘万海在研究中发现, 国内外已有的对"教师专业发展"的概念界定可以大致分为两类: "一是侧重外在的、关涉制度和体系的、旨在推进教师成长与职业成熟的教育与培训发展研究; 二是侧重理论的, 立足教师内在专业素质结构及职业专门化规范和意识的养成与完善的研究"。基于此, 刘万海将教师专业发展的内涵界定为"以教师专业自觉意识为动力, 以教师教育为主要辅助途径, 教师的专业知能素质和信念系统不断完善、提升的动态发展过程"①。郭平、熊艳在其《教师专业发展概论》一书中，对教师专业化和专业发展进行了区分："教师专业化是外在的，关注教师群体的，教师发展是内在的，指向教师自身发展；专业化是一种运动或是思潮，专业发展是教师个人成长的过程。"②美国心理学家斯滕伯格（Robert J. Sternberg）提出了专家教师的概念，并指出专家教师具有 3 个特点：专家型教师拥有更丰富的问题解决知识，有更多的基于经验的知识，知识的组织更为整合，更有结构；能够更高效地解决问题；拥有创造性的洞察力③。

但随着对教师专业发展概念研究的深入，国内有部分学者开始对"专业发展"概念进行反思。陈向明认为"教师专业学习"的概念"更注重从教师真实的学习体验出发，理解教师针对自己工作中的具体问题、与教师同行和外来专家共同建构知识的过程"④。陈向明还曾提出"实践性知识"，即"教师的实践性知识是教师真正信奉的，并在其教育教学实践中实际使用和（或）表现出来的对教育教学的认识"⑤。实践性知识可以作为教师专业发展的建设性工具，弥补了学界理论研究脱离教学实际的不足，更加关注教师个体的发展。

由此可见，国内外对教师专业发展内涵认识的研究成果丰富，基本都是从外部和内部两个角度进行的。"外"指的是政策；"内"指的是教师自身。从现有研究来看，教师专业发展的内涵研究是多维度、多层面的，而且提倡学习自主性，知识动态发展的构建主义思想体现得愈加明显。

第二，教师专业发展的外延。关于教师专业发展的指向，即教师专业发展内容的研究，郭平、熊艳提出教师专业发展应包含教师的职业道德规范、专业知识、专业技能和职业生涯规划四部分。⑥在夯实教师基本素养外，重点关注教师的可持续发展，以教师自我的职业生涯规划来促进专业发展，以专业进步来保障教师的职业生涯发展。程红艳、董英进一步指出新教师的专业发展主要应该关注教师的知识能

① 刘万海.教师专业发展：内涵、问题与趋向[J].教育探索，2003（12）：103-105.

② 郭平，熊艳.教师专业发展概论[M].成都：西南交通大学出版社，2017：7-9.

③ 斯滕伯格.教育心理学[M].北京：中国轻工业出版社，2003：6-16.

④ 陈向明.从教师"专业发展"到教师"专业学习"[J].教育发展研究，2013（8）：1-7.

⑤ 陈向明.实践性知识：教师专业发展的知识基础[J].北京大学教育评论，2003（1）：104-112.

⑥ 郭平，熊艳.教师专业发展概论[M].成都：西南交通大学出版社，2017：114-232.

力、道德规范和人格素养①，在强化新教师基础能力知识的基础上重在培养新教师对教育事业的热爱。在当前阶段，国内外教师专业发展的研究又呈现出新的趋势。陈俊源支持随着人工智能等信息技术的发展，教师的专业发展面临着新变化，跨界融合能力与智能素养应成为人工智能时代教师专业发展所关注的内容②。殷玉新和马洁采用文献计量软件对 2001—2015 年间国外教师专业发展文献进行研究，发现研究的热点领域是从主题、目标、内容和途径 4 个方面来探讨的；教师教育、教师学习、合作、指导和反思成为教师专业发展有效途径；在研究的知识基础层面，国外研究也在不断进行更新和突破。③

2. 教师专业发展模式与途径研究

第一，关于教师专业发展模式的研究。随着教师专业发展研究的不断开展，越来越多的主张逐渐涌现。朱新卓就教师专业发展的"反思性实践"模式进行了论述，指出传统的"技能熟练模式"主张通过自上而下的课程、反复操作以至熟练的技能，实现教师从新手到专家的转变。"反思性实践"模式，则承认了教师是具有自主性的个体，教师专业性的发展不是来自固定的知识，而是来自对实践的反复积累。④ 周钧在对美国教师专业发展范式进行研究后发现，其经历了从技术理性主义向探究合作主义的转变。前者强调探寻方法，并将行之有效的方法确定为标准，后者则强调教师专业发展需要借助一定的情景和专业合作，通过专业合作可以打破"专业隔离"带来的淡漠、松散。⑤ 陈时见和王春华分别用"专业标准取向"和"自主探究取向"⑥的表达方式，但是含义相仿。除了以上两种模式，蒋竞莹还提到了"研究型实践者"模式，指出教师是自己的负责人，天然地拥有丰富的研究条件，教师可以通过实践不断通过自我监控、评价和调整对自己的理论进行检验。⑦"研究型实践者"同"反思性实践"模式一样，都是对传统教师专业发展理念的批判与完善，说明思考教师专业角色必须要考虑教师究竟能做什么，而不

① 程红艳，董英. 新教师的专业发展［M］. 武汉：华中师范大学出版社，2011：37-61.
② 陈俊源. 人工智能时代教师专业发展：契机、挑战与应对［J］. 江汉大学学报（社会科学版），2021（4）：5-11+125.
③ 殷玉新，马洁. 国外教师专业发展研究的新进展［J］. 全球教育展望，2016（11）：84-98.
④ 朱新卓. "教师专业发展"观批判［J］. 教育理论与实践，2002（8）：32-36.
⑤ 周钧. 美国教师专业发展范式的变迁［J］. 比较教育研究，2010（2）：74-78.
⑥ 陈时见，王春华. 美国教师教育者的专业发展取向及启示［J］. 比较教育研究，2012（11）：1-5.
⑦ 蒋竞莹. 教师专业化及教师专业发展综述［J］. 教育探索，2004（4）：104-105.

仅仅是考虑希望教师做什么。一方面，反思性教学模式、探究合作模式和研究者模式等新兴模式与技术导向的传统模式之间是外部规范与内部自主性的矛盾，是对传统的通过自上而下的教育改革形式，实现教师专业发展的路径进行了有力回击。另一方面，并非所有的传统模式都是低效的，不利于标准化发展。从现在来看，有些传统模式依然是有效地促进教师专业发展的途径，因此，传统模式和新兴模式实际上是互补的，而非对立的。

第二，关于教师专业发展途径的研究。关于教师专业发展的途径，最受关注的是日本佐藤学教授提出的"学习共同体"概念。佐藤学教授认为，"学校还必须是一个可以让教师作为教育专家不断成长的地方。只有在这样的场所，教师才能发现从事教育活动的意义，促使其高质量的教学工作每天都能得以实现"①。为了培养专家教师，佐藤学教授提出可以通过开放课堂的方式实现，即采用一种"观察—描述—自我反思"的课例研究范式，而超越"观摩—评价—建议"的"听课""评课"范式。通过这种方式引导教师去关心同事、倾听他人，从而形成一种基于专业发展的"同僚性"（collegiality）②。此外，不同的研究者提出了多元的途径，如个人知识管理③、教育叙事研究④、合作备课、集体听评课、拜师结对⑤、名师工作室⑥、校本教研⑦等。其中，张筱玮指出教育科研是促进教师专业发展的重要途径，这不仅是因为教师职业需要理论与实践相结合，更重要的是，教师需要在理论研究中不断反思自我。教育科研为教师的自我反思提供了机会和可能。⑧康淑敏等提出中学教师专业发展需要营造资源共享、群体互动的合作文化，提供协同发展的制度保障，可通过集中培训与分散培养、专业引领与自主

---

① 佐藤学，于莉莉.基于协同学习的教学改革——访日本教育学者佐藤学教授[J].外国中小学教育，2015（7）：1-7.
② 陈静静.佐藤学"学习共同体"教育改革方案与启示[J].全球教育展望，2018（6）：78-88.
③ 曹洪娟.幼儿教师专业发展的有效途径：个人知识管理[D].山东师范大学，2018.
④ 鲍慧.论语文教师专业发展的有效途径——基于教育叙事研究[D].青海师范大学，2017.
⑤ 董惠军.基于教师合作的教师专业发展途径探索[J].中国教育学刊，2018（S1）：202-204.
⑥ 丘静.名师工作室引领区域内幼儿教师专业发展的个案研究——以重庆市Y区T名师工作室为例[D].西南大学，2017.
⑦ 林美，刘莉.校本教研对教师专业发展的影响研究——基于北京市S小学的个案调查[J].教育学术月刊，2016（8）：74-80.
⑧ 张筱玮.教育科研与教师专业发展[M].长春：东北师范大学出版社，2005：34-50.

研修、实践反思与绩效监控相结合的方式。①李王伟、徐晓东阐述了数据团队的教育应用原理及实践过程，并以美国某地区和学校两级数据团队为例，系统解构了其数据采集、团队协作、教学改进及效果评价等过程，提出了教师专业发展的新途径——数据团队②。徐君指出，教师专业发展的核心和首要途径是教师的自我学习。只有教师树立了专业发展的意识，才能强调学习者的主动性、独立性和责任感，才能引导教师自主进行专业发展。③

除了以上主要研究成果，教师专业发展观也得到不同程度的发展。宋广文和魏淑华对教师本位的专业发展模式进行了介绍。在教师本位专业发展中，教师既要实现教师的人生价值，又要实现其人格价值，同时也要在专业发展中发挥其主体价值。④王建军阐述了教师专业发展的理智取向、实践—反思取向和生态取向3种不同的取向⑤，不同的取向会影响到教师专业发展的模式选择。朱旭东和周钧对现代主义和后现代主义的教师专业发展理论进行对比，提出"自主发展""自主专业发展""自我专业发展""专业自我""自我更新教师"已经成为后现代教师专业发展研究中的核心命题，由此逐渐形成"后现代教师自主专业发展理论"⑥。

（二）国内外关于教师专业发展的标准

1. 国内相关标准

在严格意义上，国家主导研制的各类标准、政策文件等属于教师专业化的举措。但是，教师专业化与专业发展并不割裂，标准文件的颁布不仅指导着各级各类教育部门的教学工作安排，也直接规范了教师的专业发展。

2012年，教育部出台了《幼儿园教师专业标准（试行）》《小学教

① 康淑敏，李保强，马秀峰，等.互助协同发展：中学教师专业发展的有效途径[J].教育研究，2011，32（12）：77-80.
② 李王伟，徐晓东.数据团队——促进教师专业发展的新途径[J].电化教育研究，2021，42（8）：79-87.
③ 徐君.自我导向学习：农村教师专业发展的有效途径[J].教师教育研究，2009，21（3）：17-22.
④ 宋广文，魏淑华.论教师专业发展[J].教育研究，2005（7）：71-74.
⑤ 王建军.课程变革与教师专业发展[M].成都：四川教育出版社，2004：72-85.
⑥ 朱旭东，周钧.教师专业发展研究述评[J].中国教育学刊，2007（1）：68-73.

师专业标准（试行）》和《中学教师专业标准（试行）》的通知，明确了"师德为先、学生为本、能力为重、终身学习"的理念，从专业理念与师德、专业知识、专业能力3个方面对教师专业素养做出具体要求。不同学段教师标准的颁布体现了我国对加强教师专业发展工作的决心，凸显了当前时代学校教育和学校教师应当具备的基本素质。但同时也应注意到，此次颁布的教师专业标准并未分学科呈现，也就是说，具体到每个学科，教师无法从文件中获得更为明确的指导，只是大方向上的指引。2019年，教育部等五部门印发《关于加强新时代中小学思想政治理论课教师队伍建设的意见》，指出了加强中小学思政课教师队伍建设的重要性。即为了提升中小学思政课教师素质能力，加强中小学思政课教师队伍思想政治建设；加强中小学思政课教师专业能力培训；加强中小学思政课教师源头培养；加强中小学思政课教研队伍建设；推进大中小学思政课教师队伍专业发展一体化建设的建议。[①]

2. 国外相关标准

欧美等发达国家对教师专业发展问题的关注较早，为提高教师专业水平，制定标准成了重要的选择。以美国为例，美国在教师专业发展方面，起步时间早，形成了较为体系化的教师专业标准和学科标准。

1954年，美国全国教师教育认证委员会（National Council for Accreditation of Teacher Education，NCATE）制定了职前教师的6条标准，并以此为依据制定了22套学科教师专业标准。1987年，美国州际新教师评价与支持联盟（Interstate New Teacher Assessment and Support Consortium，InTASC），制定了全国通用的教师入职标准（10条核心标准），并据此制定了艺术教育、小学教育、英语教育、外语教育、数学教育、科学、社会科和特殊教学标准[②]。1987年，美国国家教师专业教学标准委员会（National Board for Professional Teaching Standards，NBPTS）成立，制定了教师在职标准，包括5项核心主张，并制定了23套标准[③]。以上只是美国国家层面颁布的教师专业标准，此外各州还

---

① 中华人民共和国教育部. 教育部等五部门印发《关于加强新时代中小学思想政治理论课教师队伍建设的意见》的通知［EB/OL］. 2019-09-27, http://www.gov.cn/zhengce/content/2012-09/07/content_5390.html.

② National Council for the Social Studies. National standards for the preparation of social studies teachers［S］. Silver Spring, MD: NCSS, 2018: 13.

③ National Council for the Social Studies. The college, career, and civic life（C3）framework for social studies state standards: guidance for enhancing the rigor of K-12 civics, economics, geography and history［M］. Silver Spring MD: NCSS, 2013: 29.

有自己的教师专业标准。

不仅是美国,英国的教师专业发展同样有赖于专业标准的制定。利特尔认为,英国教师专业发展主要有两股推动力:一种是教学实践。教学改进源自教师对学生学习的深入理解,教师需要在实践中学习和向实践学习。另一种是对教学和教师教育进行更强的外部控制,认为教学改进来自既定期望、制定标准性的政策,并以此对实践进行控制[①]。

日本的教师发展政策标准同样体现了对教师专业发展的要求。徐程成翻译了日本学者前原健二的《日本教师培养的"高度化"与教师职业的社会地位》[②]一文,其中对日本"教师培养高度化"的概念进行了介绍,教师培养高度化指的是在"大学 4 年学习"基础之上增加"2 年硕士课程学习"。

冯雅静等人以融合教育为视角,分别对 NCATE2008 年颁布的专业标准、InTASC 在 2011 年颁布的教师专业标准、NBPTS 在 1989 年提出的 5 个核心主张进行了简要介绍,并就其中与融合教育有关的条目进行深入分析,从中提炼出对我国有借鉴意义的经验。[③]张治国从标准制定主体、总标准、学科标准等 5 个方面,对美国全国教师教育认证委员会(NCATE)、美国州际新教师评估与支持联合会(InTASC)、美国国家教师专业教学标准委员会(NBPTS)和美国优质教师证书委员会(ABCTE)的教师专业标准进行对比,并提出了相关启示[④]。刘艳玲对英国教师专业标准框架进行分析,梳理了 20 世纪 80 年代后英国出台的教师专业标准及其内容特征,并对其进行反思[⑤]。此类研究都在介绍国外先进经验的基础上进行了较为深入的思考,为后续的研究打下了良好的基础。

(三)有关教师专业发展的实践研究

1. 国内相关实践研究

国内有关教师专业发展的实践研究主要体现在讨论各学科的教师

---

① 卢乃桂,钟亚妮. 国际视野中的教师专业发展[J]. 比较教育研究,2006(2):71-76.

② 前原健二,徐程成. 日本教师培养的"高度化"与教师职业的社会地位[J]. 外国教育研究,2016(5):17-27.

③ 冯雅静,朱楠,王雁. 美国国家性教师专业标准中融合教育相关要求探析[J]. 教师教育研究,2016(4):121-128.

④ 张治国. 美国四大全国性教师专业标准的比较及其对我国的借鉴意义[J]. 外国教育研究,2009(10):34-38.

⑤ 王艳玲. 英国"一体化"教师专业标准框架评析[J]. 比较教育研究,2007(9):78-82.

专业发展上。除了基本的数据分析外，相当数量的文献几乎都涉及现实中存的问题及原因，以及对策思考等内容。

第一，各学科教师专业发展中的问题及原因。李冬耘对 156 名河北省初中英语教师进行了专业发展调查，结果显示：初中英语教师的职业幸福感偏低，专业满意度偏低；为保证学生考试成绩，不少学校没有实施教改；教师普遍缺乏专业发展的自觉性和动力；教师排斥理论学习、教研或科研。[①] 杜新秀发现，小学英语教师专业发展存在专业发展阶段错位。"造成这种错位的原因主要在于这部分教师多为转岗教师，其在英语专业教学方面的自信心、经验和能力尚处于转型阶段，犹如刚踏入教学岗位的新教师，需要重新适应新的岗位需求，调整自己的专业发展阶段。"[②] 寻阳从教师认同感的角度进行研究，发现我国英语教师存在一定程度的身份认同危机，面临着提升学生素质与考试成绩导向之间的矛盾，理想教师角色和现实教学任务及事务性工作繁杂之间的矛盾，学生的成绩仍被用作评价教师教学等困境。[③] 刘思阳提出了建构主义视野下，英语教师专业发展的重点是实现反思性教学，提出英语教师要明确专业发展内容，重构专业发展的信念体系，遵循"反思与探究"的专业发展原则，并进行反思性的教学实践等。[④]

第二，从学习共同体中获取借鉴意义。教师间的合作和协同，构建共享的教师团队文化是学习共同体的价值要求。王淑莲和金建生指出，教师协同学习是"指基于提高教师专业知能目的，围绕真实教育教学实践问题，以协同原则为指导，整合学习中各种要素进行深度学习的自组织系统"，体现了后现代主观知识论基础、自组织运行、教师教育性人格形成的价值取向、有效学习的情境性等特征。[⑤] 杜静和常海洋认为，教师专业学习共同体是教师专业发展的重要途径，应当营造包容冲突的合作氛围，追求涵盖个人愿景的共同愿景，提高教师"共享性领导"的意识，建构以情感为纽带的身份关系。[⑥]

① 李冬耘.初中英语教师专业发展研究：现状与对策[J].河北师范大学学报（教育科学版），2012（6）：33-38.
② 杜新秀.小学英语教师专业发展的问题与对策[J].教育学术月刊，2010（5）：50-52.
③ 寻阳.从教师身份认同看我国英语教师的专业发展——基于中学教师的实证研究[J].当代教育科学，2015（12）：35-38.
④ 刘思阳.建构主义视野下的反思型英语教师专业发展[J].教育与职业，2012（29）：75-76.
⑤ 王淑莲，金建生.教师协同学习共同体：教师专业发展新范式[J].中国高教研究，2017（1）：95-99.
⑥ 杜静，常海洋.教师专业学习共同体之价值回归[J].教育研究，2020（5）：126-134.

第三,优化各科教师专业发展效果的对策。针对历史、地理人文社会学科教师专业发展的研究数量较少,且主要聚焦于经验总结和提出对策。蔡志忠提出,历史教师应有高尚的品德素质和良好的身心素质;要有良好的学习习惯、思维品质和创新能力;要有丰厚的专业素养和渊博的相关学科知识;要更新教育观念。[①]为了应对新课改的挑战,谭颖辉在对策分析中指出:要提升教师专业精神;改进专业实践,提升教师专业能力;重组知识结构,改善教师教学方式;强化自主学习,激励教师专业发展;加强教学反思,促进教师专业发展;重视校本研究,带动教师专业发展。[②]张家辉结合高中地理课程标准的内容,提出促进学科核心素养培育的高中地理教师专业发展策略,坚持教师专业发展的理智取向、生态取向和反思取向。[③]顾绍琴等人则对美国地理教师教育中"地理:跟明星学教学"(Geography:Teaching with the Stars)项目进行了介绍。该项目帮助不少美国普通地理教师了解了更加丰富的地理学科知识和教学方法,他们据此提出我国可以同样通过增加视频培训等途径丰富教师专业学习的渠道[④]。

2. 国外相关实践研究

除了制定专业标准,各国在促进教师专业发展方面进行了多样的实践探索。

达林·哈蒙德(Darling-Hammond L.)在一篇探究美国与国际其他国家或组织在教师专业发展实践上的差距时指出,与美国相比,作为经济合作与发展组织(OECD)成员国为教师提供了更丰富的专业学习的便利。具体来讲,该组织成员国的教师有更多的机会参观其他教师的课堂,教师间经常在教学问题上合作,并参与合作研究;在教师的工作生活中安排有充足的专业学习时间;初任教师得到了广泛的指导和入职支持;广泛鼓励教师参与学校决策;政府为教师专业发展提供了大量的额外支持。[⑤]

① 蔡志中. 试论新课程背景下历史教师专业素质的发展[J]. 当代教育论坛(教学版),2010(3):110-112.
② 谭颖辉. 中学历史教师专业化发展新探[J]. 现代中小学教育,2007(11):60-61.
③ 张家辉. 促进地理学科核心素养培育的地理教师专业发展策略[J]. 地理教学,2021(14):4-7.
④ 顾绍琴,卡门·布里希,理查德·布恩. 基于视频的教师专业发展新路径——以一项美国地理教师专业发展项目为例[J]. 全球教育展望,2013(10):86-95.
⑤ Darling-Hammond L. Professional learning in the learning profession:a status report on teacher development in the United States and abroad. Oxford, OH:National Staff Development Council, 2009:15-18.

教师专业发展学校（Professional Development School）是美国提高教师专业发展水平的一项实践举措。胡艳和邹学红对 2001 年美国 NACTE 出台的《专业发展学校标准》进行了分析，"专业发展学校是专业教育项目与中小学校因建立伙伴关系而形成的革新机构。其使命是培养准教师，促进在职教师的专业发展，建立以改善实践为旨向的探究环境，增强学生的学习能力"①。由此可见，加强大中小学的交流合作和互助，充分发挥不同主体的优势，以促进中小学教师专业化程度成了教师专业发展学校的主要特点。但它同样面临着：质量参差不齐，难以成为教师教育和基础教育的典范；中小学和大学文化的融合困难重重；以往的探索因缺乏科学的评估标准，导致实验学校的价值不被认可等等问题。

教育实习也是美国的实践之一。教育实习既是职前教师在接受教师教育过程中的各种见习和教学体验，也是教师教育课程的重要组成部分。胡惠闵和汪明帅提到了斯坦福教师教育项目（ the Stanford Teacher Education Program，STEP ）。即学生首先在人文学院或科学学院完成 4 年的本科阶段的学习；等拿到学士学位后，就具备申请进入教育学院的资格了；之后通过遴选，申请者只需要有一年的课程学习和实习就可以获得教育硕士学位。②将实习纳入学分和升学依据，体现了临床经验，这对教师也来说具有重要意义。

日本同样关注利用实习实现教师专业发展。在反思实践模式的影响下，日本加强了校内研修和学习共同休的落实。正如李昱辉指出的，针对日本国内儿童学习欲望的下降，"实习是帮助本科生在真实情境中理解儿童的最直接方式"。对此，许多大学专门开设儿童理解、学业指导和互动合作等课程。日本的校内研修同样具有可借鉴之处。日本小学和中学的校内研修侧重不同，且形式多样。日本教师专业发展整体呈现出传统教师专业发展主线模糊，"教师作为专业人员的个体专业自主研修正进一步获得凸显与伸张"③。袁莉分析了佐藤学"学习共同体"对亚洲课堂变革的影响，并发现学习共同体在提高教师专业发展实践方面，首先将大学和中小学关联，促进理念和实践的共同发展；

---

① 胡艳，邹学红 . 美国教师专业发展学校标准评析 [J]. 教师教育研究，2010，22（3）：76–80.

② 胡惠闵，汪明帅 . 美国教师专业发展学校与教育实习改革的经验与启示 [J]. 全球教育展望，2011（7）：49–53.

③ 李昱辉 . 日本教师专业发展的特征与动向——基于 2005～2014 年专业期刊的分析 [J]. 比较教育研究，2016，38（8）：57–64.

其次,发挥行政介入的积极作用;再次,将学习共同体作为学术经验在亚洲国家中推广学习。①

综上可见,有关国外教师专业发展的文献,一方面是各国发布的专业标准,欧美资本主义国家教师专业发展标准化程度高。因此这一部分文献数量丰富,研读其内容,可以发现从国家层面对教师专业发展的看法和举措。另一方面是对国外教师专业发展的实践和举措研究,如前所述,主要对教师职前、入职、在职培训进行规范并拓宽渠道。这一部分研究补充了我国对国外经验探索的研究。不论是何种类型的文献,都可以为国内研究者探索我国的教师专业发展途径提供经验借鉴。随着国外相关研究的开展,这启示我们在进行教师专业发展的研究时,要将国外经验纳入考虑,充分利用相关文献资源。

二、国内外思政课教师专业发展的相关研究

在知网数据库以"思政课教师"为关键词搜索的文献有 2000 余篇。由图 2-3 可知,自 2018 年起,相关文献研究数量呈跳跃式增长。可见近年来随着课程改革的推进与政策的引领,学者对"思政课教师"的关注度显著提高。由图 2-4 可知,相关文献搜索中主题为"思政课教师"最高,有 1278 篇;"思政课"主题次之,有 177 篇;"教师队伍"更少,有 32 篇;"中学思政课",少之又少,仅有 13 篇。

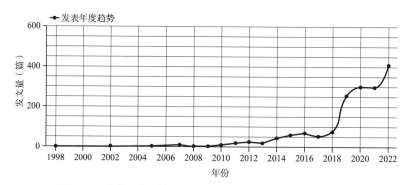

图 2-3   以"思政课教师"为主题所得文献的可视化分析图

---

① 袁丽."学校学习共同体"理念在亚洲的发展及实践经验[J].比较教育研究,2016,38(1):78-83.

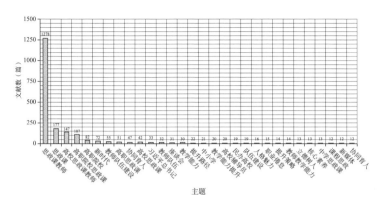

图 2-4 以"思政课教师"为主题所得文献的分布图

现阶段，我国中小学设置的主要思想政治学科有义务教育阶段的道德与法治和高中阶段的思想政治。负责此类课程授课的教师被称作德育教师，也可以称为思政课教师。因此，此处在进行中文文献的检索时，除了德育教师专业发展外，也对道德与法治教师和思想政治教师专业发展进行了检索。国外没有思政学科的说法，但是从课程性质和教育目的来说，其他国家开设的公民教育类人文课程，与我国专门的德育课程目标类似。由于国内外对于美国社会科课程的研究成果相对丰富，因此，此处主要综述美国社会科教师专业发展的相关文献，同时也会涉及其他国家的相关研究。

（ ）我国思政课教师专业发展的理论研究

思政学科带有鲜明的德育性质，作为专门的德育课程，思政课教师本身也是德育教师。对于德育教师专业发展的内涵，蓝维提出"德育教师专业发展的必要性是由德育教学和德育工作自身的复杂性和艰巨性特点决定的"，为此，德育教师首先要广泛了解德育学科设计的各科、各类知识；其次，德育教师不仅要帮学生处理道德认知问题，还要"关注和影响学生的情感与行为、信仰与人格，使学生得以健康的成长"；最后，对于德育教学中涉及的利益问题，德育教师要"教授调整自己与他人、个人与社会各种利益关系的规则"，必要时要放弃个人利益。[①]

还有学者从学科入手，探索德育教师专业发展的内涵。桑国元和

---

① 蓝维.德育专业化的关键：德育教师的专业发展［J］.教育研究，2007，28（4）：26-27.

叶碧欣认为，道德与法治教师专业发展需要提高学科认同与学科自信，养成融合的教育理念，增强道德与法治教学的适切性。①罗嫣才和蔡檬檬对道德与法治教师专业发展动机进行调查，发现小学道德与法治教师的专业发展动机是动态的，体现了动机由外到内的转变过程，教研参与在这一转变过程中发挥着重要作用。②思想政治也是我国高中阶段主要的德育课程。房源清和王宝义提出了新课改下中学政治教师专业化发展的内涵：适应新课改的要求，中学政治教师要提高自己的专业精神，不断丰富更新自己的专业知识，不断提升专业技能。③刘建德针对长期以来，"政治课谁都能教"的观点进行了反驳，指出政治教师需要具备相应的专业知识、专业能力和专业素养。尤其是专业素养中的学科品质和专业精神，是政治教师不同于其他学科教师的重要特征。④

目前，针对思政学科教师专业发展的理论研究较充分，思政学科教师专业发展的内涵研究与一般性的教师专业发展研究是一致的。一方面，德育教师的专业发展同样也是从专业知识、专业技能、专业情感3个层面展开，共同构成了德育教师专业发展的内涵。⑤⑥尽管不同的研究者对以上3个层面的表述略有不同，但是本质的含义基本一致。另一方面，相关研究也提出，我国德育教师专业发展需要实现由外部制约到教师内在动机的转变。这体现了对德育教师专业发展自主性的关注。蓝维、杨启华提出了中学德育教师的专业发展应包含德育课程设计、教学设计、教学反思和教育研究的能力，并结合德育课程进行了具体的阐述。⑦

① 桑国元，叶碧欣．道德与法治教师的专业发展模式构想［J］．中小学德育，2018（11）：22–25．
② 罗嫣才，蔡檬檬．我为什么选择小学道德与法治学科？——基于18名骨干教师专业发展动机访谈数据的质性分析［J］．中国教育学刊，2021（7）：90–95．
③ 房源清，王宝义．对中学政治教师专业发展的思考［J］．教育探索，2006（5）：121–122．
④ 刘建德．新课程实施中政治教师专业发展的思考［J］．思想政治课教学，2004（11）：51–53．
⑤ 张育花．教师德育专业化发展的内涵深化与实践推进——来自杭州钱塘新区的探索［J］．中小学德育，2019（10）：60–62．
⑥ 毛伟娜．小学德育教师专业属性多维寻绎［J］．中小学德育，2019（6）：4．
⑦ 蓝维，杨启华．中学德育课程与教师专业发展［M］．北京：首都师范大学出版社，2013：92–232．

（二）我国思政学科教师专业发展存在的问题与对策研究

裴云通过问卷和访谈等形式进行调查发现，尽管我国思政课教师在数量和质量上比 20 世纪末已经有了明显提升，但是德育教师兼职情况依然严峻，德育教师知识结构和能力都有很大的短板。[①] 余彬指出，思政课教师的专业发展还有以下难题需要克服，即"思想政治课课程地位低；部分思想政治教师进取心不强；缺乏合理的进修及培训机制；教师队伍的组成结构不够科学与合理"。[②]

针对以上问题，文献中有关提高德育教师专业发展水平的对策主要集中在职前和在职两部分。职前方面，重点关注加强德育教师职前教育的专业程度。李敏和刘慧提出，高校研究中较为成熟的德育专业和理论成果应当转化到德育实践中去。例如，在职前教育课程中，设置专业方向基础类课程、专业方向核心类课程及实践教学类课程等，使德育教师"具备较好的理论研究素养与实践应用能力"[③]。

针对在职思政课教师的专业发展方向，学习共同体的观点得到了实践。单志艳指出，思政课教师专业发展需要进一步发挥教研组制度的优势，在结合专业学习共同体的理论基础上，"完善具有中国特色的教师专业学习共同体应着力于构建自主、平等、合作型教师文化，突出教师专业学习共同体本土化建设，创建有效的制度和机制"。[④]张平和朱鹏提出，要建立教师实践共同体以促进思政课教师专业发展，并指出实践共同体不仅需要教师、专家等内部人员的参与，也需要政府提供外部支持。[⑤]罗嫣才指出，"小学道德与法治课教师由于缺乏职前师范教育相应学科的专业培养，其专业发展完全发生在职后，因此教研的意义和作用更加突出"[⑥]，因此要建立道德与法治课教师的教研共同体，促进小学道德与法治课教师专业发展。

① 裴云 . 中学德育课教师专业发展调查研究［J］. 教学与管理（理论版），2005（30）：32-34.
② 余彬 . 思想政治教师专业发展的困境与对策探讨［J］. 内蒙古师范大学学报（教育科学版），2014（2）：115-117.
③ 李敏，刘慧 . 德育教师专业化：溯源与展望［J］. 中小学德育，2019（6）：5-7.
④ 单志艳 . 走向中国特色教师专业学习共同体的教研组变革［J］. 教育研究，2014（10）：86-90.
⑤ 张平，朱鹏 . 教师实践共同体：教师专业发展的新视角［J］. 教师教育研究，2009（2）：56-60.
⑥ 罗嫣才 . 教研参与对小学道德与法治教师专业发展的影响研究［J］. 课程·教材·教法，2020（5）：93-98.

总的来讲，当前国内有关思政课教师专业发展的文献中，理论根基相对较为深厚，为学科教师专业发展提供了理论支撑。但是在德育教师专业发展的主要研究成果中，涉及具体的学科，如道德与法治等，研究方法以问卷、访谈等形式为主，相对缺少理性思辨层面的讨论，这就导致对策的提出相对缺乏说服力。

（三）国外思政类学科教师专业发展研究

通过检索国外公民教育类课程教师专业发展不难发现，当前国内研究关注的重点是美国社会科教师发展，文献数量也较为丰富，对其他欧美国家的关注明显弱于美国，少部分学位论文会关注到除美国外的其他国家，例如日本、英国、澳大利亚等国的社会科课程，但普遍缺少专门针对这些国家社会科或公民课教师发展的文献。这是由于美国社会科课程产生时间较早，而且在发展过程中对标准化和专业化关注较早，构建起了较为完善的课程和教师专业标准体系。相关学者对社会科教师发展的不同领域进行了理论或实践层面的细化研究。

20世纪80年代，美国教育界掀起了标准化运动。美国社会科教师专业发展同样延续了美国标准化的趋势，制定社会科教师专业标准成为促进教师专业发展的重要举措之一。1971年，美国社会科国家委员会（National Council for the Social Studies，NCSS）首次颁布了《社会科教师标准》。该标准"偏重为社会科教师的培养、认证、招聘和分配等方面的工作开展提供依据和外部规范，用以判定相关人员的执教资格"[1]。1997年，NCSS颁布了《社会科教师国家标准》和《社会科初任教师项目标准》。2002年，在对1997年标准进行部分修订的基础上再次发布《社会科教师国家标准》。1997和2002年的两版《社会科教师国家标准》在结构和内容上基本保持一致，以"强有力的社会科教学"为愿景，将社会科的学术性内容和基于绩效的评估作为标准的重点要义。为了与2002年教师专业标准呼应，美国还分别颁布了《初任社会科教师培养项目标准》（2004）和《大学培养社会科教师的指南》（2000）[2]。

2013年，为了使社会科更加符合美国民主社会的目的，培养合格

① 倪羽佳，唐汉卫，王欣玉.美国社会科教师专业化：内涵、经验及启示[J].上海教育科研，2020（10）：59–64.

② 范微微，张鸣晓.美国社会科教师国家标准解析[J].外国教育研究，2017（12）：29–38.

的现代公民，美国发布了《大学、职业和公民生活（College、Career and Civic life，简称 C3）框架下的社会科国家标准》。该框架不仅指导着学生社会科学习的目标，也对社会科教师专业发展提出了要求。在该标准的指导下，美国社会科协会再次修订教师标准。2018 年版的《社会科教师培养的国家标准》提出了"有抱负的教学"（ambitious teaching），指出社会科教学目的的实现需要有抱负的社会科教师。为了提高社会科教师专业水平，2018 年版的标准对社会科教师培养机构、培养标准作出规定，并重新界定社会科教师的核心素养：内容知识素养，要求职前教师深入学习学科知识、方法和结构等内容；用计划实现内容，是指教师要有合理安排社会科学习顺序的能力；教学与评估的设计与实施，旨在通过真实性评估等方式实现有效评估；社会科学习者和学习，是指教师要为学生学习创造有利条件，尊重学生经验和文化；专业责任和知情行动，侧重于与社区等主体建立良好的关系。①

　　除了制定社会科专业标准，美国教育研究者也拓宽了社会科教师专业发展的内涵。就社会科教师角色和专业素养的研究来说，美国社会科自产生至今，不少学者都就这一问题展开讨论。威廉（William）认为社会科教师要具备 3 种素质：良好的人际关系、精通教学的艺术和科学、启发性地展示知识。②杰克·泽文（Jack Zevin）就曾将社会科课程分为教学范畴（the didactic dimension）、思考范畴（the reflective dimension）、情感范畴（the affective dimension）3 个范畴。社会科教师角色与之相对应，需要承担教学角色、反思角色以及情感角色。③针对 2018 年"有抱负的社会科教师"这一概念，格兰特（S. G. Grant）和格拉德韦尔（J. Gradwell）将其描述为：了解自己所教授的学科，了解自己的学生，知道如何为自己和学生创造必要的空间。④

　　从社会科教师专业发展的途径来说，拉希马韦德（Rahima C. Wade）认为，社区服务学习是培养高质量社会科教师的有效途径之

①　National Council for the Social Studies. National standards for the preparation of social studies teachers［S］. Silver Spring, MD：NCSS, 2018：10.

②　Cartwright W H. The Competencies Needed by Social Studies Teachers［J］. The High School Journal, 1956, 40（1）：7–14.

③　Jack Zevin. Social studies for the twenty -first century：Methods and materials for teaching in middle and secondary schools［M］. New York & London：Longman, 1992：5.

④　National Council for the Social Studies. National standards for the preparation of social studies teachers［S］. Silver Spring, MD：NCSS, 2018：8.

一。社区服务学习将对学校或社区有意义的服务与非正式学习结合起来，并对服务经验进行有组织的反思。具体实施过程中，社区服务活动会算入课程学分中，可以采用记日记、讨论和论文写作3种方式进行。职前教师自身要提高参与服务学习的热情；教师教育者要努力为职前教师创造实践机会，并鼓励学生对课程和自身进行反思。① 珍妮丝·麦克阿瑟（Janice Mcarthur）主张应当进行社会科职前教师的标准化教育，提高教师的标准化意识和践行标准的能力。具体来说，要熟悉课程和教师标准，在遵守标准的基础上开发有利教学的资源。②

除了美国，其他欧美国家也逐渐意识到促进相关学科教师专业发展的重要性。吴海荣在对英国学校公民教育研究中指出，英国面临的困境之一就是公民课程教师的教学实践难度增加。文化多样的背景已经超出了大多数英国公民课教师的能力范围，而且公民课教师也存在严重的兼任情况，"到2006年，全英格兰只有数百名合格的公民课教师，学校不得不起用其他教职员工"③。赵诗在其博士论文第四章中探究了《墨尔本宣言》以后澳大利亚公民学与公民资格教育的教师培训。该宣言明确提出要提高教师地位，具体提出了加强对该学科教师的培训，创设创新情景，加强知识整合能力，开发学生思维能力等要求。④

三、国内外关于教师研修模式的研究

在知网数据库以"研修共同体"为关键词搜索的文献仅得170余篇。由图2-5可知，2010年前后，鲜少有学者开展相关研究；2015年后，相关研究数量整体呈增长趋势，但每年的总数差别不大，均少于15篇。可见"研修共同体"相关研究较少，有待学者研究开发。如图2-6所示，其中84篇主题为"研修共同体"，"网络研修""农村班主任""教师研修共同体"等29个主题在篇目数量上区别很小。

---

① Wade R. C. Developing Active Citizens：Community Service Learning in Social Studies Teacher Education ［J］. Social Studies, 1995（3）：122-128.

② Mcarthur, Janice. Involving Preservice Teachers in Social Studies Content Standards：Thoughts of a Methods Professor ［J］. Social Studies, 2004, 95（2）：79-82.

③ 吴海荣. 教育分权下英国学校公民教育的课程差异与困境［J］. 外国教育研究，2014（7）：98-108.

④ 赵诗.《墨尔本宣言》以后澳大利亚公民学与公民资格教育研究［D］.武汉：中国地质大学，2016.

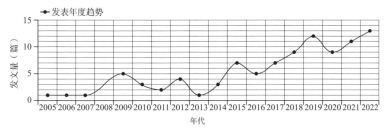

图 2-5　以"研修共同体"为主题所得文献的可视化分析图

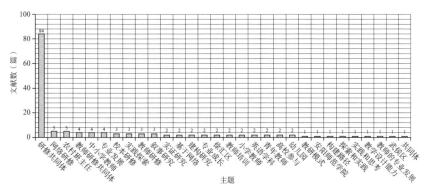

图 2-6　以"研修共同体"为主题所得文献的分布图

教师研修形式包括校本研修和校外研修。本文中的教师研修研究偏重教师的校外研修模式，尤其是教师在进修学院接受的在职培训和指导。

（一）国外教师研修模式研究综述

1. 日本教师研修体系和模式

日本将教师的在职进修称为"研修"，日本学者平原春好将"研修"解释为教师的"研究"与"修养"，即一方面深入研究教育内容，提高自己的教育水平；另一方面完善自己的人格，加强师德修养。[①]

日本从 20 世纪 70 年代开始，逐步完善了教师在职研修制度。1970 年，日本制定了全国校长研修会制度和全国骨干教师研修会制度。从 1977 年开始对有 5 年教龄的教师实行研修的工作；从 1993 年开始，对有 10 年教龄的教师及新任校长、副校长进行研修的制度。在职研修内容包括适用于所有研修对象的基本研修内容、针对不同研修

---

① 张玉琴，赵晓凤. 日本教师现职研修制度改革研究［J］. 日本问题研究，2005（2）：31-34.

对象的具体内容以及针对中小学的某些具体问题开展的专题研究。研修目的是帮助在职教师加强教育教学理论的学习，总结教育教学经验并相互交流，提高对某些常见问题的认识、处理能力[①]。

从整体上看，2014 年，日本全国共有各级"教师研修中心"107个，覆盖全国各地区，形成了国家、都道府县、市町村三级教师在职培训网络，无论是各都道府县，或是政令指定市、中核市，各地的教师研修活动类型基本相同，各自的培训活动类别和对象工作年限、职务的对应关系如图 2-7 所示[②]。各地研修活动的形式大体相同，主要包括专题讲座、远程研究、小型研讨会、特定学科研修、自由研修等。研修的内容涉及学科教学指导、学校管理、教师职业基础、信息处理教育等。就面向普通教师的研修而言，内容覆盖所有国家课程计划中规定的课程以及道德教育、特别活动和综合学习时间。其中，数学、语文、科学、社会、体育等课程的年度研修活动次数较多，均超过 5 次，其余课程的研修活动多在两三次。除此之外，日本教师研修的层次也有所提高。高向杰发现，日本以在职教师的研修为目的创设了新教育大学和研究生院；此外，其他大学、教育学部中研究生院的设置也体现了对教师研修的关注。[③]

工作年限	1年	5年	10年	15年	20年	25年	30年
国家级研修（教师研修中心实施）	· 面向各地区在学校中担任主要职责的校长、副校长等的学校管理研修						
	骨干教师研修				校长、副校长研修		
			管理员研修				
	国外派遣研修（3个月以内，6个月以内）						
	· 为解决当前重要问题，由地方政府主办、旨在培养培训者、制订培训计划、指导培训活动人员						
	为学校组织管理、提高语言能力的培训者研修 课题研究指导者的国外派遣研修						
	· 作为地方政府的公益事业，接受委托举办的研修						
	旨在培养产业教育指导者的研修						
都道府县教委实施的研修	· 法定研修						
	新任教师研修		10年教龄教师研修				
	· 适应不同教龄教师的研修						
	5年教龄教师研修			20年教龄教师研修			
	· 适应不同职务的研修						
				学生教育主管研修 新任教务主任研修 副校长、校长研修			
	· 长期派遣研修						
	派到民营企业的长期研修						
	· 有关专业知识和技术的研修						
	与学科教学指导、学生教育指导等相关的专业研修						
市町村教委实施的研修	· 市町村教委、学校、教师个人的研修						
	由市町村教委实施的研修、校内研修、教育研究团体举办的研修，教师个人的研究						

图 2-7　日本教师研修活动类型一览

关于日本教师研修模式研究，有学者专门以"东京都教员研修中心"的教师研修模式为个案，挖掘日本地方教员研修的现状，详细呈

① 房艳梅.日本教师研修制度及对中国教师教育的启示［J］.河南师范大学学报（哲学社会科学版），2013，40（1）：173-176.

② 高峡.日本的教师研修制度和教学研究的展开［J］.教育学报，2014，10（6）：67-74.

③ 高向杰.日本第三次教育改革以来教师研修制度研究［J］.河北师范大学学报（教育科学版），2013（8）：69-73.

现了这一中心教师研修的卓越之处：有明确的教师研修理念，完善的教师研修体系及丰富的教师研修方式。这给中国教师的研修模式改进以重要启示。[①] 徐程成和饶从满分析了日本教师在职研修长期存在的"形式化""模式化"和"协调难"等问题，并将日本对以上问题采取的对策进行了总结：加强校内研修的组织管理，强化研修者的研修意识，改进校内研修的内容和方法，改善校内研修的软环境等。[②]

2. 其他国家和地区教师研修方式

除日本以外，有关他国教师研修方式的文献研究数量相对较少。经过查阅文献，发现美国、英国等国的相关研究较少使用"教师研修"一词，而是使用"在职培训"的表述来指代教师在职期间实现专业发展的方式。

朱艳对比了中英两国中小学教师培训，发现英国教师培训的鲜明特色，包括通过立法保证教师培训正常有序进行；通过建立和健全教师培训机构与管理规章，调动各界参与教师培训的积极性和首创精神；通过构建教师培训模式、教师评价体系，保障中小学教师培训的有序化和高效性。此外，在培训评价方面，英国教师培训良性信息反馈方面优于我国，形成性评价的使用也更多，评价内容侧重教学方面及与学生的沟通。[③] 孔凡琴和孟繁胜对英国校本研修进行了研究，将其特点概括为培训目标的针对性和实效性、培训内容的实践性和培训方法的多样性、培训过程的规范性，以及制度化和法律化的保障机制。[④] 由此可见，英国教师在职发展的途径呈现出明显的专业化、多样性、体系化等特点，对我国教师研修的开展有借鉴意义。

美国是教师学习领域的先行者，并开设了美国教师学习研究中心。该中心阐明了转向教师学习的意义、教师学习的意义和教师学习研究领域的要素。[⑤] 在对美国教师专业发展策略进行研究后，杨明全发现美国在职教师进修计划形式多样，包括选择性教师证书在职进修计

① 谢颖. 日本教员研修中心研究 [D]. 上海师范大学, 2011.
② 徐程成, 饶从满. 日本校内研修的问题考察与对策分析——基于日本校内研修的相关研究文献 [J]. 比较教育研究, 2017 (12): 75-83.
③ 朱艳. 比较视角中的英国中小学教师培训 [J]. 教育研究与实验, 2014 (6): 73-76.
④ 孔凡琴, 孟繁胜. 英国校本培训的实践特色及对我国的启示 [J]. 中小学教师培训, 2016 (7): 71-74.
⑤ 毛齐明. 国外"教师学习"研究领域的兴起与发展 [J]. 全球教育展望, 2010, 39 (1): 63-67.

划、以学校为中心的在职进修计划、教育硕士计划、专业发展学校计划等。提高教师学历水平，加强大中小学合作等途径都是美国促进教师研修的基本思路。[①]吴斯对美国教师在职进修进行了研究，美国从保障策略上提供了完善的法律、资金和制度保障。在具体进修方式上，常用的校内进修方式有研习会、专题讲座、教师专业学习共同体；校外的进修方式包括高校举办的教师进修计划，如远程教育、攻读学位等，还有由地方学区、教师专业团体举办的进修活动。在进修的评价方式上，主要采用了个人教学档案袋评价和教学评估中心的评价。除上述两种主要的评价方式外，美国的教师进修评价机构还可以通过观察、访谈、问卷等形式了解进修教师的前后变化，以评估教师的进修效果。[②]安德鲁·霍布森（Andrew J. Hobson）在研究教师校本研修时发现，教师认为师徒关系是校本教育的一个重要方面，同时校本教育中的导师并不总是能够成功地为有效的教师学习创造条件。[③]但是，美国在提高教师学历方面的努力也受到一定程度的质疑。道格拉斯·N·哈里斯（Douglas N. Harris）和蒂姆·R·萨斯（Tim R. Sass）借助教育生产力概念模型，对比职前和在职教师培训后发现，教师的职前教育接受程度与后期在工作中提高学生学业成绩有明显的正相关，教师经验和以内容为中心的教师专业发展才是影响教师在职学习、培训的关键因素。[④]美国的教师在职专业发展策略形式多样，在加强制度化规范的方面与英国相似，并且关注提升在职教师的学历也是美国采取的重要形式之一。因而美国教师在职发展受到了多方位的保障。

芬兰的教师研修也颇具特色。李姗泽等人经过研究发现，芬兰教师的专业发展情况是学历普遍较高，但实践能力培养方面存在不足。对此，芬兰开启了"合作行动计划"。该计划基于对教师学习特点的认识，即教师学习是由矛盾引发的，一个跨越最近发展区、螺旋上升的过程。该模式促进了学习主体的多元化，促使教师身份的转变，以及加强了教师经验的表达，为工作场域中的教师学习提供了一个新的视野。合作行动计划属于实践模式，更加针对新手教师。其分为4个阶

① 杨明全. 从教学专业化看美国在职教师进修计划［J］. 外国教育研究，2000（3）：30–35.

② 吴斯. 美国中小学教师在职进修的研究［D］. 辽宁师范大学，2013.

③ Hobson A J. Student Teachers' Perceptions of School-based Mentoring in Initial Teacher Training（ITT）［J］. Mentoring & Tutoring, Partnership in Learning, 2002, 10（1）：5–20.

④ Harris D N, Sass T R. Teacher training, teacher quality and student achievement［J］. Journal of Public Economics, 2007, 95（7）：798–812.

段，教师学习的第一阶段和最后阶段为理论学习阶段，第二阶段和第三阶段为实践学习阶段。这一计划能够促进学习主体多元化，促进教师角色的转变，加强教师的经验表达。[①]李姗泽和陈时见发现，芬兰通过开放性高等教育机构、普通大学的继续教育中心、民间院校，以及一些其他教育机构和组织，以多样化的形式实施培训课程，并辅以完备的评估体系，为芬兰教育的发展提供了优质的师资培训。[②]经过综述发现，芬兰教师专业发展面临的问题和对策探究不同于英美等国，而是将重点放在提高教师实践能力上。

（二）中国教师研修研究

新中国成立初期的师资问题主要是数量不足、质量不高。1949年12月，在第一次全国教育工作会议上，教育部由此提出了"加强教员轮训和在职学习"的任务要求，借以培训众多称职的师资。[③]"教师在职进修"的提出是为了对因战争而导致学历不高的在职教师进行"学历补偿"。虽然中途遭到"文革"的破坏，教师进修学院一度关闭，但"文革"之后，教师在职进修以进行"学历补偿"的功能又重新得到发挥——为在"文革"中没有得到足够学历基础的教师提供进一步的学历教育。

随着师范类学校的不断建立和师范教育质量的不断提高，在职进修的"学历补偿"功能逐渐弱化，并逐渐转移到为在职教师提供"继续教育"这一方面。关于在职进修"修习"何种内容，有学者很早就提出教师进修学院保持自身独特性的问题："教师进修学院是成人教育，因此应与师范院校的招生培养分开，发挥自己的优势，在教学内容上应包括渊博的现代化知识、教育学和教育规律、高尚的道德品质和崇高的精神境界等。"[④]由于师范院校的师范生培养偏重系统性理论知识的传授，因而教师研修学院开始着重加强中小学教师实践能力，其实践性质不断得到凸显。钟启泉指出，教师的专业成长别无他路，唯有扎

① 李姗泽，蒋华青，孙亚娟.芬兰"合作行动计划"教师学习模式探析——基于扩展学习理论的实践探索[J].外国中小学教育，2016（8）：46-51.

② 李俐，陈时见.芬兰中小学教师的在职培训及启示[J].当代教育科学，2013（8）：45-48.

③ 在第一次全国教育工作会议上的总结报告要点[EB/OL].http://edu.people.com.cn/GB/12119908.html.

④ 余旦溪.地、市教师进修学院的双重性[J].黄石教师进修学院学报，1985（2）：7-11.

根自律性与创造性的教师研修,才是引领教师从"教书匠"走向"反思性实践家"的康庄大道。[①]在回答"如何开展研究活动以提高教师的教学能力和研究教学的能力?"这一问题上,各级各类的教师研修模式提供了不同的回答。

1. 国家级教师研修研究

教育部、财政部联合发出《关于实施"中小学教师国家级培训计划"的通知》,决定从 2010 年开始实施"中小学教师国家级培训计划"(简称"国培计划")。实施"国培计划"是加强中小学教师特别是农村教师队伍建设的一项重要的示范性举措。通知明确,"国培计划"包括"中小学教师示范性培训"和"中西部农村骨干教师培训"两项内容。"中小学教师示范性培训"主要包括中小学骨干教师培训、中小学教师远程培训、班主任教师培训、中小学紧缺薄弱学科教师培训等示范性项目,由中央本级财政支持实施,每年 5000 万元。"中西部农村骨干教师培训"以农村中小学教师置换脱产研修、农村中小学教师短期集中培训、农村中小学教师远程培训为重点。2010 年,中央财政安排专项资金 5 亿元,支持中西部省份按照"国培计划"总体要求,对农村义务教育骨干教师进行有针对性的专业培训。

朱旭东从"国培计划"的价值角度进行分析,指出"国培计划"是落实教育规划纲要的第一个重大项目,具有国家公共价值(具有公共性和权威性)、社会价值(提高中小学教师特别是农村教师队伍整体素质、推进均衡发展;促进基础教育改革,提高教育质量;发挥示范引领"雪中送炭"和促进改革;培训了一批"种子"教师,推进素质教育和教师培训;开发教师培训优质资源,创新了教师培训模式和方法,推动全国大规模中小学教师培训的开展;重点支持中西部农村教师培训,引导和鼓励地方完善教师培训;促进教师教育改革,推动高等师范院校面向基础教育,服务基础教育;提供一批优质培训课程教学资源)、教师专业发展价值(教师认知能力的提高、教师认知能力的提高、教师教育教学实践能力的提升、教师基本专业素养的提高)。[②]随着"国培计划"的开展,2019 年,朱旭东认为,"国培计划"应该追求八大价值:实现"不让一个教师掉队"的教师学习机会;把教师塑造成为终身学习者;形成"用最优秀的教师教育者培养

① 钟启泉.教师研修:新格局与新挑战[J].教育发展研究,2013(12):20-25.
② 朱旭东.论"国培计划"的价值[J].教师教育研究,2010,22(6):3-8+25.

最优秀的教师"的优异价值链；确保底层教师教育体系为教师质量奠基；确立优质学校在教师教育中不可或缺的重要地位；培育"充分发挥校本教师专业发展中心的基础作用"的有生力量；发挥"名师工作室（坊）"的教师教育优势；促进发挥区县教师专业发展中心的龙头作用。①

"国培计划"也推动了成功经验和模式的探索。重庆市铜梁区创新"三研三磨"递进式"研课""磨课"模式，聚焦乡村教师教学热点、难点问题，以研导"磨"、以"磨"促研、"研磨"结合，实现从理论"密室"到实践田野的有效过渡，"磨"出了知识的梯度、教师的热度、课堂的深度，形成了教与学的共振与合力。陕西省渭南市临渭区抓实"影子"研修，着力能力提升，创新乡村教师培训团队跟岗实践模式，精心遴选了50位骨干青年教师参加团队研修，具体组织实施了培训团队跟岗实践，通过创新设计、强化管理、制度跟进、实招推动，培育了一支用得上、干得好的本土化培训团队。长沙师范学院探索出中小学教师知识实践统整的培训模式，还创新实施了湖南省幼儿园青年精英教师培养高端研修项目。②

同时，朱旭东也注意到"国培计划"存在的不足和问题。首先，传统教师培训体系已有问题对"国培计划"的制约。传统教师培训中，培训者是"雇佣兵"，降低了培训效率；受培训异化成"福利"和"旅游"；培训课程是"预设"而非生成的；培训评价过于"单一"等。这些问题在一定程度上制约着"国培计划"的有效性。③

其次，"国培计划"实施过程中暴露了自身的不足。王定华指出，第一，项目顶层设计有待优化，其中网络研修项目模块设计仍然需要进一步提高；第二，培训管理机制有待完善，县级的培训能力和管理经验普遍跟不上；第三，培训适需性有待提高，不少参训教师反映存在"不实用""用不上"的问题；第四，教师自主性有待激发，参训教师中有相当一部分还处于"被动推进"状态。④

① 朱旭东. 论"国培计划"的价值重估——以构建区县教师教育新体系为目标［J］. 云南师范大学学报（哲学社会科学版），2019，51（3）：93-99.
② 王定华. 新时代我国中小学教师国培的进展与方略［J］. 全球教育展望，2020，49（1）：54-61.
③ 朱旭东. 论"国培计划"的价值［J］. 教师教育研究，2010，22（6）：3-8+25.
④ 王定华. 新时代我国中小学教师国培的进展与方略［J］. 全球教育展望，2020，49（1）：54-61.

2. 地方教师研修模式

地方教师研修模式，指各个区域的教师进修学院或者区域和地方高校联合负责和引领的教师研修活动。由于不同区域教师专业发展水平以及发展需求的不同，地方教师研修各具灵活性和多样性。这部分研究成果多由区域教师进修学院的负责人或者项目负责人结合教师研修的具体经验提炼总结而成；也有部分是由研究者通过理论思辨提出应然的教师研修模式。

重庆市北碚区教师进修学院创新研制出研训合一的"浇根式改善型"教师培训新范式（见图 2-8）。"浇根"是指在培训中，实施教师专业情意与核心能力的行为"浇根"，即浇师德修养之根、教育思想之根、人文情怀之根、学科文化之根；"改善"是通过推进"建三端、连三体、抓三课"的区域行动策略，以教师个体知识、能力的提升，精神、心智的全面提振，达成教师的行为"改善"。[①]

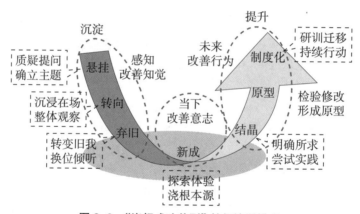

图 2-8 "浇根式改善型"教师培训模式

首都师范大学作为首都基础教育教师的培养基地，创新出具有该校特色的指向实践的在职教师进修模式。该校提供的教师研修活动坚持"一核心、三结合、五关注"的工作理念：以中小学教育教学实践为核心取向；坚持理论与实践紧密结合，研修与教学工作紧密结合，近期发展目标与可持续的专业发展需要紧密结合；始终关注参与教师的教育教学实践，关注教师在实践反思中理解教育的内涵实质，关注教师对研修活动的实际参与，关注教师在教育教学实践中的行为转变，

---

① 朱福荣."浇根式改善型"培训助力教师专业发展［J］.中国教师，2017（11）：42-45.

关注教师对实践经验的总结提升与分享。他们通过实践创新出"阶段递进"教师研训模式、"拓展—辐射"模式以及"跟踪—巩固—深化"模式。①

　　针对不同类型的教师及其研修模式，学者也从应然层面提出不同的看法和意见。有学者提出针对"种子教师"的应然专业研修模式，即（1）研修理念是从实践中来，到实践中去；（2）研修目标重在培育"种子"素养，具体着眼于教师自身学科业务能力的提升，同时引领他们学会如何进行校本研修；（3）课程设置上，关注"两维"问题的解决；（4）组织形式上，给予"种子"教师充分参与的机会；（5）研修评价注重"两维"问题解决的能力。②有学者基于"骨干教师"的特点和专业发展上的不足，提出有针对性的研修模式。研究者发现，中小学骨干教师愿意接受先进理念，但更愿意在行动中构建新知识；能够创造新知识和新经验，但缺乏归纳和提炼的能力。因此，借鉴"让教师成为知识的构建者和发现者"的理念，以中小学骨干教师研修活动为例，提出课例研修、跨界学习、写作和传播4个要素构成的"旨在知识构建和发现"的骨干教师研修范式。③钟启泉提出培养专家型教师的教师研修模式。这里的专家型教师强调教师研修要增强教师的实践性知识，从而赋予教师职业以专业属性。基于此，他确定了从教师培养开始到新任阶段、熟练阶段的在职教育的研修内容和框架：新任阶段需要不断观摩，理解不同的教学模式；逐渐理解和掌握教学模式后，需要训练教学决策能力，提高教师的判断和行动能力；熟练掌握教学模式以及能精确判断之后，教师拥有了实践性知识。同时，他还结合3个不同的教师发展阶段（教学原理的理解阶段/教学技术的训练阶段/教学实践的创造阶段）抽取了5个研修项目，制定了教师研修的不同内容。④

　　3. "互联网＋教师研修"的研究

　　随着"互联网＋"时代的到来，教师研修的形式和内容也发生了具体变化。利用网络教学环境开展教学教育活动不仅能提升教师研修

---

① 郑开义，张景斌. 构建实践取向的教师研修模式［J］. 首都师范大学学报（社会科学版），2011（3）：77–80.

② 郑百伟. 提高"种子"教师研修质量探索［J］. 教育发展研究，2012，32（8）：81–84.

③ 王洁，王丽琴. 成为知识的发现者和建构者：中小学骨干教师研修的新方式［J］. 中国教育学刊，2018（5）：86–90.

④ 钟启泉. 教师研修的模式与体制［J］. 全球教育展望，2001（7）：4–11.

的效率,也一定程度上促进教师的终身学习和专业成长。在 2015 年 7 月 1 日,国务院提出了"互联网 +"的重点行动计划,并颁布《国务院关于积极推进"互联网 +"行动的指导意见》文件。文件提出基于网络的基础设施与创新要素方式,同时也对新型教育教学服务供给的方式进行了探索。2015 年,教育部发布《2015 年教育信息化工作要点》《关于加强高等学校在线开放课程建设应用与管理的意见》等文件,一致提出"高校主体、政府支持、社会参与"的建设原则;强调各省份要加强投资,建设教师网络研修平台,通过研修平台为区域教师提供教学资源、专家指导、教学服务;指出各省份要建设网络培训平台为教师的专业发展提供服务,促进教师教学技能和专业水平的提高。可见,我国提出的"互联网 + 教育"新生态,将会促进教师网络研修成为我国教师研修的主要方式。

关于网络研修的类型研究,有学者认为,教师网络研修活动为指导型的研修,参与研修的专家需要从 5 个方面引导教师从博客的反思发表向真正的教研转换,即专题研修、课题研究、案例分析和实践反思。[①]有学者提出了探究式的研修活动类型,即参与教师通过平台发起探究活动,与其他教师进行知识共享与议题聚焦、知识提炼与升华、成果评价与整理,以及增值知识传播的活动过程。[②]有学者认为教师网络研修活动是以观摩为主的研修活动,教学观摩活动是教师之间加强交流、提高专业发展水平的一个重要研修活动类型。[③]

网络研修的文献成果中也会涉及具体的模式研究。"互联网 + 研修"使教师个性化学习成为可能。有学者结合所在区域实践经验,构建出基于个性化学习需求的中小学教师研修模式,提出了教师研修课程资源建设与应用(如图 2-9 所示),以及基于 App 的众包众创教师研修等新模式。此研修模式大致有 5 个步骤:(1)确定主题,建立学科观课程模型;(2)上课教师在 UMU 上建立专题研讨活动,形成教学设计一案;(3)协作组教师提出修改意见,以共创理念完善教学设计,形成教学设计二案;(4)共同观课,合成课堂文字实录;(5)观察课堂,共同拿出整改意见,形成教学设计三案。

① 李克东 . 提升网络教师实践社区活动绩效研究[J]. 中国电化教育,2012(1):55-60.

② 何晓青,柯九平 . 基于虚拟学习社区的教师实践性知识管理之典型模式构建及实践研究[J]. 电化教育研究,2014(9):116-120.

③ 王秀秀,马秀群 . 基于学习过程的教学观摩活动探析[J]. 教育教学论坛,2013(5):154-155+229.

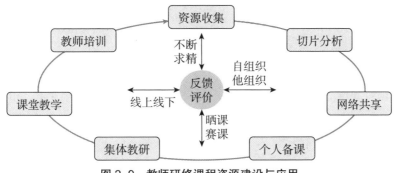

图 2-9 教师研修课程资源建设与应用

有学者从 PST 理论视角构建了"五阶段两层次"网络研修模式，包括理论学习、课例点评、协同备课、主题研讨、总结收敛阶段。他们并以高中生物教师研修工作室为例实施了研修活动。实施效果采用了实验研究，对教师群体 TPACK 水平进行前后测分析，结果发现差异显著，表明研修提升了教师的专业水平。最后文章提出要遵循教师专业化发展的宗旨，营造网络研修参与式文化氛围，提升教师信息技术应用能力，聚焦研修主题开展多维深度互动，邀请学科专家引领并及时评价研修活动，规范网络研修工作室的组织和管理等政策建议。[①]

总的来讲，教师研修是符合我国国情的一种在职教师专业发展的可行路径。就当前的文献研究来看，既包含对国际经验的介绍，也有我国自行主导开展的各级各类教师研修模式。

（三）关于教师研修实效性的研究

刘涛将教师研修评价从研修类型的角度分为自主研修评价、校本研修评价、集中研修评价和网络研修评价。评价一般包括准备、实施、结果分析和结论反馈几个方面。[②]邢郁莹和肖其勇对教师工作坊研修模式进行了研究，指出可以通过成熟的 CIPP 培训评估模型和柯氏四层次培训评估模型理论为教师工作坊研修提供理论模型。他们还开发了包含 4 个一级维度、13 个二级维度的教师工作坊研修评价指标体系，并指出评估指标的设置应当意义清楚、规范，尽可能量化；评估结果

---

① 杨海茹,叶梨萍,刘清堂,等.PST 视域下教师网络研修模式的设计及应用[J].中国教育信息化,2020（5）：36–40.

② 刘涛.走向立体式研修[M].成都：电子科技大学出版社,2015：180.

要及时反馈,以便促进培训的良性发展,促进培训评估工作的制度化、常态化。[①]沈军对"中小学教师国家级培训计划"绩效指标体系进行了研究,指出评价指标体系构建需要解决一级指标分解技术,观测点的价值取向,以及同级中再论高低的评价思想三大核心问题,有效评价方式有网络问卷调查、深度访谈、平台演练及反思日记等方式。由此可见,"国培计划"项目中的绩效评价思想包含真实性评价观、表现性评价观以及目标性评价观。[②]

在教师研修评价的方法上,谭文丽指出,校本研修的评价包括对教师研修情况的评价、对校本研修工作的评价和教育研究成果的评价。其中自我分析的、诊断性的、指导性的、档案性的等,都可以用于对教师研修情况的评价。[③]蒋洪兴指出,从经验出发的学习能更好地促进发挥评价的改进、检测、督导和激励等功能,因此在评价中小学教师校本研修时,应遵循成年学习者的特点,采用灵活多样的评价方式,以激发教师自主研修的积极性为主,尽量少用甚至不用那种量化考核评价,多使用如表现评价法、档案袋评价法、发展性评价法等。在评价标准中,对校本研修途径应提出明确的评价内容和评价策略,其中学科备课组和网络研修既是校本研修不可或缺的重要途径,也是评价标准中应注重的内容。[④]周文叶指出,表现性评价凭借其评价任务的真实性、基于评分规则的判断、评价主体的多元化、与学习活动的一体化等特点,与教师研修评价相适应。实施过程中,要为研修活动设定明确的表现性目标,精心设计表现任务并统整在研修活动中,充分利用评分规则促进自我引导的专业学习。[⑤]王光伟指出,教师研修是需要教育支持和教师终身发展的过程。为了提高教师校本研修的有效性,校本研修学校和教师可以采用问题教学解决的基本模式,提升课堂教学培训的实效,还可以采用观察诊断技术等有效策略并积极开展教育哲学思辨。[⑥]随着网络研修的兴起,对

① 邢郁莹,肖其勇.基于 CIPP 和柯氏评估模型的教师工作坊研修评价指标体系的构建[J].继续教育研究,2021(6):53-58.

② 沈军."中小学教师国家级培训计划"项目绩效评价指标体系研究[J].高教发展与评估,2012,28(6):27-34+98.

③ 谭文丽.教师教育进行时——成都的实践与思考[M].北京:教育科学出版社,2015:156-163.

④ 蒋洪兴.有效学习视域下的校本研修导引[M].长春:东北师范大学出版社,2016:210-213.

⑤ 周文叶.开展基于表现性评价的教师研修[J].全球教育展望,2014(1):50-57.

⑥ 王光伟.基于质性评价的有效教师校本研修初探[J].教育测量与评价(理论版),2011(2):31-34.

教师研修实效性有不少关注。徐建利认为相较于传统研修方式，网络研修模式是依托网络环境，运用新课程理念，注重教师与专家、教师与教师、教师与资源间的交互，实现跨时空界限的、信息资源与经验共享的、共同创新的新型研修模式。因此，网络研修主要遵循评价指标体系构建步骤，包括初拟、修正指标体系并分配指标权重构建。[①]

第二节　已有研究述评

一、国内外关于教师专业发展研究的述评

（一）教师专业发展的理论还可进一步深入与丰富

经文献综述，我们发现，国内外对教师专业发展内涵认识的研究成果丰富，基本都是从外部和内部两个角度进行的，"外"指的是政策，"内"指的是教师自身。从现有研究来看，教师专业发展的内涵研究是多维度、多层面的，而且提倡学习自主性，知识动态发展的构建主义思想体现得愈加明显。目前，国内外有关教师专业发展的研究成果较为丰富，且切入点多样。随着时代的进步发展，对于教师专业发展的理论构建越来越具体，构建主义的趋势愈发明显。总之，从各种研究成果可见，学界基本认可教师教学是自主的、合作的、反思的、变革的、利他的，因此，教师专业发展的目的本身就具有复杂性，社会因素、个人因素都要纳入考虑。也正因如此，教师专业发展的讨论才能呈现出丰富且不断拓宽的趋势。

目前，就国内外有关一般性的教师专业发展及各学科教师专业发展的文献成果来看，已经取得了一定的进展。首先，国内外有关教师专业发展的理论研究成果较为丰富，就教师专业发展的概念、内涵、模式等方面进行了较全面、客观的总结和评价。其次，当前有关德育教师专业发展的研究与一般性的教师专业发展研究之间具有一致性。这种一致性体现在研究思路、成果等诸多方面。这就启示我们，对道德与法治课教师专业发展的研究，要采用相关而非割裂的视角来看待教师专业发展领域已有的丰硕成果。这样既可以提供有效思路，同时

---

① 徐建利.教师网络研修评价指标体系构建研究［D］.西北师范大学,2015.

也体现了扎实的理论根基。

（二）我国缺少科学性、专业性、体系性的思政课教师专业标准

尽管教师的专业标准对学科的关注不足，但是在课程标准上，我国已经制定了义务教育及高中阶段的各学科课程标准。在课程标准的文件内容中，都涉及教师教学、评价以及教材编写和资源利用等各个层面，具有一定的可操作性，为教师实现专业化教学提供了有力支撑。但是，文件更新跟不上实际的问题也很明显，例如义务教育阶段课程标准中，当初的"品德与社会""品德与生活"已经被"道德与法治"代替，但是目前却没有制定针对性的课程标准。近年来，对于加强思政课教师队伍建设的通知也体现了国家对思政课教师专业发展的关注正在逐步提升，尽管依然缺少专业性的标准文件，但是政策导向也给予研究者更多的思考空间。

与发达国家相比，我国在政策层面上，对教师专业标准的制定尚未形成体系，同时，标准层面的缺失使道德与法治课教师专业发展受限。总的来讲，我国教师专业发展在外部标准的制定上，尚处于起步阶段，与美国等国家相比仍有差距。基于这一现实，目前国内学界也有不少旨在通过分析他国教师相关专业的标准，提炼启示类研究。在一项教师教育课程标准的国际比较研究中发现，各国在制定教师教育标准的过程中都体现了注重以学生为中心、以促进学生的学习和生活为宗旨的理念；同时不管是课程标准还是专业标准，各国都注重教育实践本身，注重教师的专业反思能力、终身学习能力的培养等。

（三）呼唤思政课教师专业发展理论支撑下的实践指导

总体来看，在针对不同学科教师专业标准的文献中，首先从文献数量上，对英语、数学等主科教师专业发展的文献数量比地理、历史、体育等学科，尤其是人文社会学科明显偏多，呈现出主科多、副科少的特点。其次，从研究方法上看，绝大多数研究均以个案研究为主。再次，问卷、访谈等研究方式也是常被采用的。研究对象就是中小学相关学科的一线教师，或是教师实际的教学环境。最后，研究者大都是各学科一线教师，研究呈现出实践性强、理论性偏弱的情况，且大

都是策略研究,对本学科教师专业发展来龙去脉的说明不足,体现了重实践、轻理论的问题。但对于这一现象也要辩证地看待。一线的实践经验对于指导学科教师的教学同样发挥着积极作用,只是有理论支撑的实践才能更好地发挥实践指导意义。

二、国内外关于思政课教师专业发展研究的述评

(一)思政课教师专业发展内涵可借鉴与创新原有研究

目前,针对思政课教师专业发展的理论研究对其内涵进行了较为充分的探讨,思政课教师专业发展的内涵研究与一般性的教师专业发展研究是一致的。德育教师的专业发展同样也是从专业知识、专业技能、专业情感3个层面展开,共同构成了德育教师专业发展的内涵。[①②]尽管不同的研究者对以上3个层面的表述略有不同,但是本质含义基本一致。

(二)教师的态度、价值观等成为专业范畴

除去以上渠道,也有部分文献从更宏观的层面考虑,提出国家和教育部门要提高对思政课教师资格认定和培养的标准,保障教师权利,以确保专业性受到肯定。也有文献从更微观层面提出,思政课教师个人的价值观、对待生活的态度也属于专业发展的范畴。这是由德育课程的性质决定的。

(三)教师专业发展有赖于专业标准的制定

尽管目前关于除美国以外其他国家德育教师专业发展的介绍和比较的研究成果匮乏,但是基本可以推断,世界各国在思政课教师专业发展方面面临的困境较为相似,且路径探索的思路也基本一致。相比较而言,美国社会科教师专业发展的政策标准数量多,架构较完整,并且形成了自身的更新周期。美国社会科教师专业发展的标准首先体现了标准化、体系化的特征。教师专业标准既为教师专业发展提供了专业化的

① 张育花. 教师德育专业化发展的内涵深化与实践推进——来自杭州钱塘新区的探索[J].
中小学德育, 2019(10): 60-62.
② 毛伟娜. 小学德育教师专业属性多维寻绎[J]. 中小学德育, 2019(6): 4.

政策支持,也促进了职前、在职等其他教师发展阶段向标准化靠拢。其次,标准的修订体现了美国对社会科教师专业发展概念认识的深化与更新,体现了动态发展的特性。目前,我国的研究者也会将美国社会科教师标准作为研究美国社会科的重要文本支撑,并进行拓展研究。

三、对国内外有关教师研修模式研究的述评

(一)日本的教师研修制度对完善我国教师研修制度更有启示意义

国外教师研修的成功经验,尤其是成熟的教师研修模式成为中国研究者关注的重点,其中,日本教师研修体系成为众多研究者关注的热点。由于中、日在教育管理制度上具有相似性,且日本在教师研修方面有代表性建树,因而日本的教师研修制度对完善我国教师研修制度更具有启示意义。日本具有东方国家教育传统并实行中央集权的教育管理制度,且在20世纪90年代以前,日本已经建立了一套较完善的教师在职研修制度,为日本教育提供了高质量的师资。① 相比之下,我国的教研制度和教学研究虽在保证和提高教学质量方面取得了很好的成效,但在世界上的影响却不明显,不如日本。②

(二)中国教师研修开展面临着中国化的问题

国外教师研修和教师学习的相关研究开展成果丰富,以社会文化活动理论为基础,关注教师学习的复杂思维模式,并以学校改革为背景,形成了较系统的思想理论基础。目前,针对国外教师研修开展的教学以介绍和经验借鉴为主,对于我国来说,具有一定的借鉴意义,但也面临着中国化的问题。

当前国内研究者较关注美国教师和社会科教师专业发展的趋势和经验。这主要是因为美国相关领域已经走在世界的前端,不论是成功经验还是反思总结,都会给其他各国带来重要的启示。因此,要对此

---

① 房艳梅.日本教师研修制度及对中国教师教育的启示[J].河南师范大学学报(哲学社会科学版),2013,40(01):173-176.
② 丛立新.沉默的权威——中国基础教育教研组织[M].北京:北京师范大学出版社,2011.

类研究的价值予以肯定，但是也应避免仅仅将美国经验停留在"经验与启示"中的现象，尤其对于学科教学来说，重点在于思考如何将经验转化为具有可行性的框架和指导。

（三）教师研修的实效性需要摆到议事日程上

对于如何正确评价教师研修的效果，部分国内学者聚焦于探索合理的教师研修评价体系和模式。成熟的 CIPP 培训评估模型和柯氏四层次培训评估模型理论可以为教师研修提供比较科学的理论模型。教师研修评价的相关研究主要关注不同研修类型对应的评价方法，总的来讲，大多数研究都认可教师研修实效性的判断不能以单独的量化为标准，而要综合运用各种方式，尤其是形成性评价工具。对现有的教师研修评价模式的研究中，对评价的指标、内容、过程和方法等方面进行了更有针对性的探讨。

四、综合评述

（一）已有研究取得的主要进展

以上这些进展对于本研究以及后续相关研究在研究方法、研究思路等方面的开展具有指导和借鉴意义。但是目前的研究成果仍有需要完善之处。例如，当前国内有关学科教师专业发展，尤其是德育等人文社会学科教师专业发展，以质性研究方法为主。有效的质性研究和量化研究的价值不容否定，可以直观地体现研究者对问题本质和解决方式的探索。即便是量化研究，也只能侧重于通过数据对教育问题进行呈现，极少探究问题背后的成因以及理论依据。但是，目前很少有研究能够同时兼顾研究的理性思辨质量。这是在接下来的研究中需要进一步改善的地方。再比如，目前的研究成果中，对思政课程和教师的关注度低，成果相较其他主要学科来讲较匮乏。

造成这一问题的原因，一是受了标准化测试和问责制度的影响，中小学思政课程和教学面临被边缘化的困境，相较英语、数学、语文等主要学科来说，教师专业发展面临着更加严峻的阻碍。二是我国尚未构建起相关思政学科的课程标准或教师教育专业标准的系统，导致对思政课教师专业发展的学术研究缺乏政策导向和推动力。三是在对国外研究成果的分析中,要留意除了美国之外,其他国家在教师专业发展方面采取有效措施的例证。例如,该国的政策文件、实践探索等方面也应予以关注,尽管美国代表了先进的研究成果,但是国际研究的视野可以进一步放宽,体现全球化背景下,教师专业发展的多元探索。

(二)本研究的突破口

在当前的文化环境和政策导向下,促进初中思政课教师专业发展对于提高学生学业表现、扭转思政学科边缘化趋势、提高思政课教师专业地位、促进教师个人专业成长等方面都具有重要意义。

通过对国内外已有的研究成果进行综述,可以肯定,研修对思政课教师的成长具有一定的积极作用。但已有研究多是个体经验的总结,或是对实践的思辨性反思,缺乏关于研修对思政课教师专业发展有效性的实证研究,同时也缺乏对研修共同体促进教师专业发展内在机制的深入剖析。本研究旨在从专业发展的维度出发,探析初中思政课教师研修模式对于促进教师专业发展的意义、价值和效果。

为了弥补文献综述过程中发现的相关主题研究方法上的不足,本研究立足教师专业发展、学习共同体等相关理论,对初中思政课教师实训运行机制从实践层面进行提炼和构想,而后结合问卷、访谈等质性研究方法,求证所构建的运行机制的实效性,最后实现由理论构建向指导实践的跨越。

本章小结

本章从教师专业发展与教师研修两方面梳理了近些年来国内外相关研究成果。首先,从已有文献的梳理中可以看出,国内外对教师专业发展的研究成果相当丰富,但就思政学科而言,当前我国还是缺少针对思政课教师的科学性、专业性、体系性的专业标准。其次,在教师研修问题上,国外教师研修和教师学习以社会文化活动理论为基础,形成了较系统的思想理论基础,但当前对于国外发达国家教师研修的借鉴仍停留在经验借鉴层面,而缺乏本土化构建。本研究基于已有文献,尝试建立思政课教师专业发展的有效机制,在"中国式"教师研修模式上,力图实现理论与实践方面的双重突破。

第三章

理论基础

聚焦"名师研修共同体如何促进中学思政课教师专业发展"这一问题，本章旨在通过梳理与总结名师研修共同体促进中学思政课教师专业发展的相关理论和政策，进而提出基于名师研修共同体的中学思政课教师专业发展的框架（即应然追求）。具体而言，需要对研修共同体的中西理论、教师专业发展阶段理论和中学思政课教师专业发展相关政策三方面内容进行梳理和总结。

第一节　名师研修共同体建设的理论依据

共同体，英文"community"，源于古希腊语"koinonia"，意指城邦设立的市民共同体，中世纪拉丁语的含义是"同种类型的人或同镇的居民"。《牛津英文辞典》将其定义为"团体，基于关系或情感的共同体"。当代关于共同体的意义有两层含义：抽象地说，是一种共同的感觉；具体来讲，是在某些特定情况下具有共同利益的特殊群体。亚里士多德在《政治学》一书中着重研究了作为政治共同体城邦的产生、性质以及目的。为了繁衍后代，男女首先要在一起组成家庭；当多个家庭为着更多的东西而联合起来时，产生了村落；当多个村落为了更美好的生活结合成一个完全或近乎自足的共同体时，城邦这种政治共同体便应运而生。

一、马克思理论中的共同体

共同体是马克思政治学说中的一个重要概念，也是马克思一生都在认识、研究和探索的主题之一。围绕该主题，马克思探索了人类共同体既有存在形式、共同活动方式、相互依赖关系及其历史进程等问题，并逐渐确立了从物质生产方式入手分析共同体的经典范式，以及包括"自然形成的共同体""虚假的共同体""真正共同体""抽象共同体""自由人联合体"等对共同体理解的术语体系和话语体系。

在总结和批判地吸取前人的共同体理论的基础上，马克思形成了自己独特的有关共同体的理论主张。在《德意志意识形态》中，马克思和恩格斯对共同体的性质予以区分，将共同体分为"虚幻的共同体"和"真正的共同体"两种。他们认为存在着阶级对立的共同体形式。比如，资本主义国家的共同体，都是一种虚假的共同体。这一共同体仅仅只是打着实现普遍利益的幌子维护着特定集团或特定阶级的利益，其中的自由只是统治阶级的自由。这类共同体是一种束缚、一种桎梏。所以说,这种共同体是一种违背社会发展规律的和反人性的"虚假的共同体"。进而马克思和恩格斯指出,只有彻底实现了普遍利益与个人利益相统一的共同体形式才是真正的共同体,即"自由人联合体"。"自由人联合体"才是人类应该追求的真正的共同体形式。"自由人联合体"意味着每个个体在自觉的基础上进行联合,并通过这种集体方式获得自由和全面的发展。此外,马克思和恩格斯还对共同体发展的规律和趋势进行了理论揭示。马克思的探索和研究集中于人类如何走出现有对抗的经济社会形式,以及何种共同体形式能够更好地满足人的自由而全面发展、最大限度地实现人的解放。在马克思看来,共同体(gemeinwesen)体现了人们共同的物质生产活动的本质属性。

与此同时,马克思认为,共同体是"现实的人"存在的基本形式及个人发展和实现变革的条件。他强调,"一定的生产方式或一定的工业阶段始终是与一定的共同活动方式或一定的社会阶段联系着的,而这种共同活动方式本身就是'生产力'"。因此,"只有在共同体中,个人才能获得全面发展其才能的手段",也"只有在共同体中才可能有个人自由"。这意味着个体需要借助共同体的力量,并成为它的成员,才有可能使自己获得共同体的力量,并以历史性特定方式生存和发展,而且也只有在能够获得共同体力量作为自身存在基础的时候,个体才在真正的意义上成为共同体的一员,才可能借助共同体的力量发展自己和改变世界。

二、学习型组织理论

彼得·圣吉(Peter M. Senge)是提出学习型组织理论的第一人,他在《第五项修炼——学习型组织的艺术与实务》一书中对这一理论进行了细致论述,成为教师学习共同体的直接理论基础和思想源泉。彼得·圣吉认为,学习型组织内的成员在与团体理想一致的基础上,重视学习的集团性、常态化、合作互助性、发展创造性。进而他总结了有关学习型组织的 5 个方面的修炼,即自我突破、心智改良、建立共同愿景、团队学习和系统思考。[1]

① 彼得·圣吉.第五项修炼——学习型组织的艺术与实务[M].郭进隆译.上海:上海三联书店,1998:6-10.

自我突破的实质是如何实现"从虚到实"的过程性的变化。也就是说，教师必须不断应对新的挑战，追求超越，实施变革。教师的专业发展不是一劳永逸的，而是充满了无限探索。在教师学习共同体中，教师必须对自己有明确的认识和定位，明确自己的使命，有责任意识，不断向自己挑战，激发创造力和奋斗活力，从而自我超脱和升华。

心智改良倡导人们在实践中反省、审视自我，完善传统的认知思考模式，与时俱进，实现革新。现实中，不乏教师"各自为营"的现象，缺乏集体学习氛围。作为教育第一线的教师更要承认事实，顺应改善"自治性孤立"的思维模式和只重视教育而忽略学习的心态模式，建立合作共享的共同体学习意识。

共同愿景的构建如果无视教师个人的意愿，会伤害教师的积极性，抹杀教师的主体性。确立有效的共同愿景有利于教师个人追求集体化，进一步凝聚教师团体的智慧，描绘最大的同心圆。在共同愿景的指向下，个人也借助共同体的协同力和向心力不断进步。

团队学习主张成员间的合作共享、信赖和对话交流。在共同目标的指导下合作学习，可以促进新的认知结构的构建和良好的实践效果的产生。通过自我和他人的对话，可以实现自我完善和飞跃。与教师个人的学习相比，团队学习可以集中教师组织的力量，提高组织整体的效率和共进效果，提高学习的实效。

系统思考强调共同体的成员具有整体意识，从而从整体看问题、分析问题、解决问题，而不采用片面的思考方法。凭借这一意识，可以透过现象看到本质，从千头万绪的复杂问题中整理出事物的规律。系统思考的修炼目的，是让教师掌握抓住主要矛盾和矛盾的主要方面，寻找关键和重点，运用适当的思考方法，选择最佳路径创造性地解决问题。

斯蒂芬·P.罗宾斯在此基础上概括了学习型组织的特性，包括：组织成员共同赞同的构想；在解决问题和从事工作时摒弃旧的思维方式和常规程序；作为相互关系的一部分，成员们对所有的组织过程、活动、功能和环境的相互作用进行思考；人们坦率地相互沟通；人们摒弃个人利益和部门利益，为实现组织的共同构想一起工作。学习型组织理论对教师教育培养、教师专业学习共同体建设、学校教育教学改革都具有重要指导意义。

三、研修共同体的东方智慧

教育领域中的名师研修共同体形式虽发端于国外,但在中国古代,同样有着丰富的思想资源和理论依据来支持名师研修共同体的建设与发展。通过对中国古代相关思想资源的挖掘,我们不仅能够完善对研修的认识,而且能够进一步深化对共同体的理解。

(一)汉语词源释义

在一定意义上,以"research"(研究)、"training"(培训、训练)等英文语词翻译"研修",并不能准确传达"研修"一词在中文语境中所具有的丰富内涵;因为后者有着不同的指向。中文语境中的"研修"包含了两个部分:"研"和"修"。这两者彼此不能等同,而且就"研"和"修"自身而言,也有着多层次的意涵。其中,"研"主要有3种意涵。一是指"磨、碾",具体指古人在写字时的磨墨、研磨,苏轼的《和陶诗》中的"末路益可羞,朱墨手自研",即是指这一含义。二是指"研究、研讨",意指孜孜不倦地考究、探索,《北史·马静德传》中的"沉思研求,昼夜不倦",即是指这一含义。三是指"砚","研"同"砚",也即砚台。在"研"的这几种含义中,"研"的第二种含义更接近于人们当下对其的使用。同时,当我们进一步将第二种含义的"研"脱离具体的语境时,可以发现,作为"研究"的"研"其实并没有具体规定"研"的方式和途径,也没有凸显"研"的目的——就"研"的方式而言,"研"可以是以个人的方式进行的思索、思考,也可以是以群体或共同体的方式进行的交流、合作、探讨;就"研"的目的而言,"研"可以是为了探求事物之本质、真理,也可以是为了提升个体自我的能力水平和思想境界。在此意义上,脱离了具体语境的"研"或者说就"研"自身来说,"研"并没有对"研"的方式和目的进行限定;毋宁说,它只是强调了一种对待人事物的态度,即对待人事物必须像研墨一样不断地打磨、求索、探究,方才有所收获。因此,从中文语境中的"研"一词来理解教师"研修"中的"研",我们就不能对"研修"做过多的限定,不能狭隘地将之理解为只能通过某种特定的方式以达到某个特定目的的研究;相反,其所传达出的应当是教师对待教育的某种态度,即教师应当以不断求索、探问、琢磨、进步的姿态来对待教育,不停留于对教育的狭隘认识和理解,而是始终向着教育不断探求;

无论面对何种困难、取得何种成就，始终孜孜不倦地深耕教育、砥志研思教育。只有当教师以这种态度来对待教育时，才能够踏上自己的专业发展之途。因而在教师"研修"中，"研"作为一种根本性的态度，为教师的专业发展夯实了基础。

同样的，在汉语中，"修"亦有多重、丰富的含义。作为动词，"修"一有"修饰、装饰"之义，旨在锦上添花；二有"修理、修正、修建"之义，旨在恢复完善、纠偏规整、弥补缺失，质言之，旨在解决问题；三有"学习、培养"之义，旨在研习治学；四有"修身、修养"之义，旨在陶冶身心、涵养德性、修持品行。作为形容词，"修"一有"长远"之义，如《广雅》所谓"修，长也"；二有"高大"之义，如《兰亭集序》所谓"此地有崇山峻岭，茂林修竹"；三有"善好"之义，如《思玄赋》所谓"伊中情之信修兮，慕古人之贞节"。从作为动词的"修"具有的这几种含义中不难看出，"修"与"研"在共同作为"学习、演习"的意义上，词义是相近的。但另一方面，相较于"研"而言，作为动词的"修"除了指涉手段、方式、途径之外，有着更明确的目的性；并且基于不同的目的，它分别指涉了不同手段。相应地，"修"也就传达出了不同的含义。作为动词的"修"具有的这几种含义在教师"研修"中，都可以找到相应的影子。其一，教师"研修"可以是为了让教师进一步发展，使合格的教师变得优秀，使优秀的教师变得卓越；其二，教师"研修"也可以帮助有问题的教师解决问题，帮助还未建立起完整的教育观念的教师树立起教育观念，帮助存在错误的教师纠偏；其三，教师"研修"还可以在整体上提升教师的素养，完善教师个人的人格，让教师不仅具备所应具备的专业素养，而且锻造教师个人的修养，全面形成教师个人的独特魅力。从历时性来看，教师"研修"在最开始的时候可能是问题驱动的，即教师之所以会参与或开始"研修"，仅仅是为了解决其在日常教育教学中碰到的一些问题，让自己成为一名合格的教师。但随着问题的解决，教师开始向着优秀的、卓越的目标迈进，相应地，"研修"的目的也就不再止步于解决问题，而是指向优秀和卓越。最后，在不断向着优秀和卓越迈进的过程中，教师个人的德性、品行、人格也得到了磨炼和提升，并最终臻于教师个人内在的教育哲学和修为的养成。这其实也是教师"研修"的最终目的和价值体现。并且，从作为形容词的"修"来看，"修"其实亦为"研修"之目的进行了规定，即"研修"所最终达至的境界应当是高远的、美好的。

（二）"和而不同"为共同体建设提供研修途径

中国古代思想资源除了丰富我们对教师"研修"的理解，还开拓了我们对"共同体"的认识。一方面，在中国古代既有"三个臭皮匠，顶个诸葛亮"这种朴素地表达出共同体的意义的古代智慧；另一方面，强调"和而不同"的中国古代哲学思想也为现代共同体的理解和建设提供了丰富的理论源泉，为人们在想象教师研修共同体的应然样态时，提出了值得追求的理想方向。

就前一方面而言，"三个臭皮匠，顶个诸葛亮"的古语所传达的似乎是"人多力量大"的思想；由此推论，共同体所具有的力量、意义之所以大于单一个体，仅仅是因为它在数量上更占优。就字面意思而言，共同体的存在无疑建基于"同"之上。这里的"同"是"同质"的"同"，因此，所谓"共同体"即是同质化的个体在数量上的叠加。但这种奠基于同质化的个体在数量上的叠加的共同体之所以优于单一个体，不仅仅在于其在数量上的优势，而且在于由量变所引发的质变。在一定意义上，谚语"三个臭皮匠，顶个诸葛亮"所传达的即是这一含义：单个臭皮匠的智慧显然不及诸葛亮，但三个臭皮匠的智慧的叠加却能够媲美诸葛亮的智慧。但这种由数量上的叠加所引发的质变的内部发生机制，值得我们进一步探究。其中的原理或许在于三个臭皮匠之间的相互作用，而不在于他们在数量上的简单叠加。因此，中国古代的朴素的共同体思想其实为我们打开了一个口子，促使我们进一步去思考，仅仅是数量上叠加的共同体，为何能够从量变走向质变？并且，这种变化是如何发生的？共同体内部同质化的个体之间存在着怎样的相互作用，才致使作为一个整体的共同体发生了质变？

就后一方面而言，中国古代的"和而不同"的哲学思想，其实为我们的共同体理解呈现出一条与"三个臭皮匠，顶个诸葛亮"所提供的朴素智慧不同的道路。"三个臭皮匠，顶个诸葛亮"所传达的是一个内部同质化的共同体，而"和而不同"的中国古代哲学阐发了对共同体的一种新理解，即共同体的建立和存在不一定需要奠基于同质化的个体之上，而可以奠基于不同质的个体之上。在此，"和而不同"强调的是对差异的尊重和对差异的转化；正是因为共同体内部的个体存在着各式各样的差异，甚至是质的差异，共同体内部才得以发生相互作用，充满生机。当然，共同体内部异质的个体之间的相互作用可以是相互冲突的，也可以是相互包容、合作的。其在整体上总是包含着竞争和合作的双重维度。对于"如何使奠基于异质的个体的共同体在这种竞争与合作中维持自身，并进一步将共同体及其内部的成员领向更高的层次"的问题，中国古代"和而不同"的思想给出了它的回答，那就是要将"和"作为异质的个体所组成的共同体的目标与准则的奠基。

所谓"和"，即"顺也、谐也"，其原初是指声乐的有序、协调、和谐，由此，"和"即"和谐"。试想一个共同体，如果其内部成员没有处于一种有序、协调、融洽、和谐的状态，那么这个共同体无疑形同虚设，并且共同体的存在也无法发挥出其应有的效应；相反，当共同体内部是和谐、有序、协调、融洽时，共同体才能够被称为一个共同体。并且这种和谐的内部关系不仅将支撑起共同体本身的运作，而且将让共同体通过其内部的和谐的相互作用而焕发生机。

因此，奠基于"和"和"不同"的共同体与奠基于同质化的个体的共同体是不一样的。首先，前者认可了共同体内部的个体差异性和独特性，并且不用某种强制性的外在规范对共同体的个体成员进行规约，将他们打造成同质化的个体；而后者则试图将加入共同体的成员改造成合乎共同体要求的同质化的个体。其次，前者更注重和强调的是共同体内部异质的个体之间的相互包容、相互协调、相互合作。即便有冲突，这种冲突也要"以和为贵"，将冲突化解为"和谐"。相反，后者所追求的则不是共同体内部成员的相互包容和协调，而是共同体成员的一致性或者说步调一致。再次，前者相较于后者而言，在整体上更加充满生机与活力。在内部成员同质化的共同体中，成员由于是同质的，因此是可以彼此相互取代的。由此，共同体内部成员的个人价值就得不到彰显，成员的积极性也就不会高涨，而会处于懈怠——因为对共同体而言，多他一个不多，少他一个不少，且总有候补成员可以取代他。相反，在内部成员异质的共同体中，每个成员都是不可取代的；或许，有的成员表现得比另一些成员优异，但这并不意味着前者可以取代后者，也不意味着后者可有可无；共同体整体的提升以及内部成员的进步，恰恰依赖于全体成员的参与以及自我价值的发挥；因而在这样的共同体中，异质的成员不仅能够彰显自我的独特价值，而且能够在与其他成员的相互作用中共同进步。

在一定意义上，中国古代的"和而不同"思想更契合于当代社会的共同体建设。当代社会不仅是一个承认个体的主体性和差异性的社会，也是一个价值多元的社会。这种现实的时代背景使得基于同质化的共同体的形成不再成为可能；相反，那种有着"和而不同"的底蕴的共同体才是当代社会所应追求的共同体样态。中国古代的"和而不同"思想，也正像冯友兰先生所说："在中国古典哲学中'和'与'同'不一样，'同'不能容'异'；'和'不但能容'异'，而且必须有'异'，才能称其为'和'。譬如一道好菜，必须把许多不同的味道调和起来，成为一种统一的新味道；一首好乐章，必须把许多不同的声音综合起来，成为一个新的统一体，只有一种味道，一个声音，那是'同'；各种味道，不同声音，配合起来，那是'和'。"①

　　虽然中国古代的"和而不同"的思想为我们在理解名师研修共同体的应然样态时树立了一个理想的范式；但正像我们之前所说，这种理想的共同体形态内部的流程、运作模式等都还有待进一步厘清。就此而言，我们依旧需要探索一套适合我们当下教育的现实的教师研修模式。

第二节　教师专业发展的理论依据

　　关于国内外教师专业发展的理论很多，纵观教师专业发展的诸多理论，笔者认为，教师能力理论研究为本项目研究打开了一扇窗。根据国内外教师能力理论研究的差异，我们把研究划分为国外教师能力研究和国内教师能力研究。林崇德把教师能力看作教师的素质，因而教师能力的提升是促进教师专业发展的一个重要途径。课程改革的飞速发展不仅对优质教育教学师资的需求越来越高，而且对教师专业素养的要求越来越高。

　　随着我国对教师专业发展的关注，教师专业发展日益成为当前理论与实践研究的关键领域。当前教师专业发展呈现"素养提升""自我理解""生态转变"3 种范式并存状态，同时关注以学习为本位构建教师专业发展体系的形态。② 由此可见，教师专业发展理论呈现多样化、时代性的特点。通过对国内外具有代表性的教师专业发展理论进行解读，探索本研究中共同体教师所处的专业发展阶段，以期进一步探讨名师研修共同体建设的机制问题，为名师研修共同体的建设提供学理基础。

---

① 冯友兰. 中国哲学简史［M］. 北京：生活·读书·新知三联出版社，2009：117-119.
② 宋萑. 走向学习本位的新时代教师专业发展体系构建［J］. 教育发展研究，2021，41（4）：3.

一、"教师职业发展阶段论"

北京师范大学教授申继亮认为，教师的成长过程是稳定的、有规律的过程。他采用访谈方式，认为其内在发展过程主要涵盖 4 个阶段：学徒期或熟悉教学阶段、成长期或个体经验积累阶段、反思期和理论认识阶段，以及学者期阶段。

在学徒期或熟悉教学阶段，教师初入职场，主要工作任务是熟悉教学环境、教学内容、教学方法等。该阶段的教师对教育工作有着高度的热情，在经验的积累中有待发展；在成长期或个体经验积累阶段的教师逐渐形成了自己的教学风格与特色，能够独立地从事教学任务，能够将教学理论与知识应用于实践；在反思期和理论认识阶段的教师已积累了丰富的教学经验，情绪趋于平和、稳定，但经历了长期重复性的工作后易产生职业倦怠；在学者期阶段的教师不仅有较强的教学能力，同时能够积极监控自身教学过程并及时反思，并具备一定的科研能力。

诚然，即便明确地划分出教师职业生涯发展的四阶段理论，申继亮也进一步指出，并非所有的教师都能够完整地经历这 4 个阶段。自第三阶段开始，教师的职业生涯发展便有所差异，因此在整合教师专业成长的过程中要充分考虑每位教师的差异性特点，在教师生涯周期的整体性上认真剖析其特殊性。[①]

二、教师自我更新取向发展阶段论

我国著名教育家叶澜教授基于教师专业发展的内在结构，描述教师专业发展的阶段性特征，力图依据在阶段总体特征的架构中描绘教师自我专业发展的意识与其他结构要素的发展特征。基于此，她将教师专业发展阶段划分为："非关注"阶段、"虚拟关注"阶段、"生存关注"阶段、"任务关注"阶段及"自我更新"关注阶段。

"非关注"阶段主要指个体在接受正式教师教育前的阶段。这一阶段尚不能称为专业发展，还谈不上其教师自我意识的形成。但值得一提的是，该阶段师范生在接受正式教师教育前是否具备一定的对教师专业理想形象的塑造，仍是值得探讨的问题。"虚拟关注"阶段主要

① 申继亮. 教师人力资源开发与管理：教师发展之源［M］. 北京：北京师范大学出版社，2006：86—92.

指师范生接受师范教育的阶段。该阶段的师范生缺少对自身身份认同的体认,加之未能在真实的工作环境中进行实际演练,因此他们自身专业发展的意识及动力相对较少;即便经历实习期后,具备一定的自我反思与发展动力,但总体而言,发展意识仍然淡薄。"生存关注"阶段的教师初入教育行业,在工作岗位中面临多重挑战。这也是教师将自身理论与实践相结合的关键期,需要新任教师重新审视自身,以达到个体本身与新教育教学环境的有效融合。因此在该阶段,教师需要在工作岗位中不断探索其"生存"能力,以达到与新环境的平衡。"任务关注"阶段的教师在经历了重重挑战后心境逐渐平稳,专业发展意识由关注"生存"转移至关注任务与能力上来。这一阶段的教师多受外在的晋升机制的影响,以寻求进修的发展机会,从而获得职称的提升或是更高的外在评价。"自我更新关注"阶段的教师将专业发展的重心更多地放在自身内部的审视。这一阶段他们已然摆脱了外部机制的考核,能够自觉地依照自身环境有目的、有意识地进行自我规划与调整,在教学方面表现为致力于专业知能的提高,从根本上关注课堂的教学质量问题,如教学的内容是否真正促进学生有效学习、是否为学生真正所接受。因此,该阶段的教师的专业发展意识是根本的、内在的。

与此同时,叶澜提出对教师专业发展影响较大的阶段为初任期及再评价期。初任期的教师面临着理想与现实的磨合;若未能处理好,教师的内在落差则会对其造成在所难免的心理负担。在评价期的教师在经历长期重复的教育教学等工作后,会重新审视对教师职业的选择,若决定留任,则会重新调整自身状态;反之则会断然离职。[①]

三、教师职业生涯循环论

美国教师专业发展研究领域的著名学者费斯勒依据社会系统理论构建了"教师职业生涯循环论",将教师的职业生涯发展视为教师作为可发展的、动态的个体与其所在环境相互作用的结果。他将教师的职业生涯发展阶段分为 8 个阶段:职前期、职业初期、能力建构期、热情成长期、职业挫折期、职业稳定期、职业消退期以及离岗期。

① 叶澜,白益民,王枬,等.教师角色与教师发展新探[M].北京:教育科学出版社,2001:
278-302.

职前期阶段主要指教师在师范院校进行师资培训的主要时期，是教师专业发展的初期。但该阶段并不与教师的年龄阶段呈显著关系。若具备一定经验的教师进行专业领域内的调整与调换时，也可称其处于该阶段。职业初期即新任教师初入工作环境的阶段。该阶段教师极力争取来自领导、同事、学生及家长的认可与肯定，对自身的职业发展具备高度的内生趋向。能力建构期的教师关注自我成长的需求。在此期间，他们努力充实理论基础，提高专业能力，尝试通过多样化的途径积极参与工作研讨与培训。热情成长期阶段的教师已具备一定的专业知识与能力，对工作事务充满热情，但仍期望自身的专业水平有更进一步的提升与促进。职业挫折期的教师在经历高度的教育热情后呈现倦怠的心理特点。由于受到教育教学中某些消极因素的影响，教师的职业态度产生极大的转变，对工作的热情呈现下降趋势。职业稳定期的教师在历经职业挫折后达到职业的高原期。该阶段的教师大多仅关注自身本职工作，对教育事业缺少工作热情。此时需要营造良好的工作环境以及同行、领导的激励，以进一步改进其职业停滞状态。最后教师进入生涯发展的离岗期阶段。离岗期的原因有多种可能性。这种可能性可能是积极的，也可能是消极的，主要取决于教师在离岗阶段的心境。

　　此外，费斯勒并未将教师的年龄阶段作为判断生涯发展阶段的主要依据，体现了教师发展的动态性、多样化的特点。而后，司德菲在费斯勒等人的研究基础之上，基于自我实现的视角，对教师的生涯发展理论进行了进一步构建。其主要阶段包括预备生涯阶段、专家生涯阶段、退缩生涯阶段、更新生涯阶段以及退休生涯阶段。

四、教师职业生命周期阶段论

　　20世纪70年代末，休伯曼基于心理学与社会心理学的研究方法尝试对教师职业生涯发展进行探究，进一步将教师的职业生涯发展阶段划分为5个时期，即入职期、稳定期、实验和歧变期、重新估价期以及退出教职期。

　　在入职期阶段，教师面临多重职业考验。如一方面新任教师面对新环境，对教育教学工作充满热情与期待；另一方面面临教学能力的考验，对部分教学情境及教育理念等多有困惑。在稳定期阶段，教师逐渐掌握了教学基本技能，逐渐适应并形成特有的教学风格，表现为教学神态从容、自信等特点，能够驾驭好工作中的相关事务问题。在实验与歧变期，教师随着教育知识与能力的不断丰富，试图关注其本身对课堂教学的影响，尝试基于教学评价、材料等方面对自身的专业能力提出更高的挑战。由此可以看出，该阶段教师倾向于不断突破自我，更新其教育教学能力。重新估价期即教师在进行挑战自我后达到瓶颈期阶段，或是面对挑战失败后的自我怀疑，抑或是在经历长期的教学工作后对单调的教学生活的情感缺失。最后，在教师工作34—40年后，教师退出教育行业。

本章小结

本章通过理论和政策梳理与回顾总结发现，基于名师研修共同体的中学思政课教师专业发展应然样态应当指向两方面内容：第一，在"研修"目的上，应当更关注促进教师个体的卓越发展，同时关注教师群体的卓越发展；共同体"研修"方式和目的应指向于借助共同体的力量和智慧促进个体差异化的发展，而非同质化的发展。第二，在"研修"内容上，基于名师"研修"共同体的思政课教师专业培训内容，需要更符合教师专业发展阶段的特性，关注教师内驱力激发和共同体环境的创设；同时还需要符合时代对思政课教师队伍专业化建设的一般要求，要始终以习近平总书记提出的"六要"标准作为思政课教师培养内容依据。

第四章

现状调查

为了勾勒和理解中学思政课好教师的专业形象，本章通过开放式和封闭式问卷调查的形式，从学生的视角出发，分析学生心目中道德与法治课好教师的形象特征，从而构建指标框架并分析现状，提出意见和建议。

第一节　中学思政课好教师形象调查

一、调查内容与调查方法

（一）调查对象和问卷内容

本研究对 361 名学生发放问卷，包括两所初级中学和两所高级中学的一年级（10 年级）学生。通过开放式问卷调查，得到有效样本共 353 份。其中，不仅包含针对初中学生对教师进行的评价，还包括高中生对他们初中道德与法治教师的评价。回收的问卷按照"年级－学校－学生"的格式编号，如"11-B-86"。

本研究采用问卷和访谈两种方式进行：（1）开放式问卷。学生喜欢和不喜欢道德与法治教师的特征，回答 5 至 10 个问题。（2）访谈。学生分享与道德与法治教师的难忘经历和故事，如校园生活和日常学习等。

每份回收的有效样本都包含学生"喜欢的教师特征"，但不一定包含学生"不喜欢的教师特征"和"与教师难忘的经历和故事"。具体问卷调研内容及有效内容比例可参见下表 4-1。

（二）调查实施

本调查采用以下 3 个步骤进行。

表 4-1　问卷的调研项及有效内容比例

载体	内容	有效内容比例（N=361）
开放式问卷	喜欢什么样的教师	97.78%
开放式问卷	不喜欢什么样的教师	56.23%
与学生的访谈	难忘的经历和故事	24.65%

1. 开放式问卷调查和访谈

由于封闭式问卷存在结构性过强的问题,可能会引导答题者的思维,使得收集的结果不够真实、全面。因此,本调查让学生使用自己熟悉的语言来填写问卷,从而获得更全面客观的信息。

2. 编码和处理答卷正文

将所有访谈数据导入软件 NVivo12,对问卷文本和访谈记录的文本信息进行编码,具体程序如下:

(1)开放式编码。采用 NVivo12 的编码功能,对访谈文本的内容进行编码。在这一步骤中,对代码的命名尽可能地采用征文文本中的原始话语,保留作者在文本中的原始意义。例如,从答卷文本"老师最好有党员身份"中提取"党员身份"作为一个编码观测点,提取"身份"这一关键意义,作为三级编码;提取"要有大局观",作为编码观测点,提取"观念"这一关键意义,作为三级指标。根据此步骤进行开放式编码,共生成编码观测点 37 个。

(2)主轴式编码。在 NVivo12 软件的节点模块中,将开放式编码中的 37 个编码节点按照相近意义进行合并、归类,完成主轴式编码。例如,将一级编码"身份""观念"归类、合并为主轴式编码"政治意识"。根据此步骤完成主轴式编码,共生成 12 个二级指标。

(3)本研究将访谈题目覆盖的政治强、业务精、性格好、品行正、形象好、视野广 6 个维度作为一级编码,并在 NVivo12 软件的节点模块中,将主轴式编码获得的 12 个二级指标节点按照一级指标进行合并与归类。例如,将二级指标"政治意识""社会主义核心价值观"归类、合并为"政治意识"。

3. 统计和实证分析

根据经过处理的答卷信息,分析学生喜欢和不喜欢的教师形象。通过开放式、主轴式和选择式编码对开放式问卷进行归纳梳理,形成由"二级分类""一级分类"和"角度"构成的指标体系。在开放式编码阶段,对学生提交的开放式问卷原始语料进行数据筛选,并以分句为单位,对数据逐条比较、分类和标记,剔除频次极低的数据、无效数据和偏离调查概念的数据,提炼同类数据,形成"观测点",并归纳其中的核心概念,形成"二级分类"。随后,通过主轴式编码对"二级分类"之间的有机联系进行主观聚类,形成"一级分类"。最终进行选择式编码,通过对"一级分类"之间的关系进行对比分析,将其抽象化后建立论点。实证分析由 4 位具有高级职称的大学教师、中学教师和

1 位具有教育信息化背景的博士研究生合作完成人工验证。其分为两组，每组两三人，独立完成上述流程，并对其中不一致的部分进行讨论和修正。为了保证结果全面、可靠，本研究使用了理论饱和度检验手段（即新的材料引入不应再产生新的指标体系内容和观点），将预留的 10% 问卷内容与指标体系对照，未发现新的构成要素。由此可知，在本问卷的框架下，指标体系的构成要素已达到饱和，可以整合和归纳出典型的道德与法治教师专业形象。

二、调查结果

通过统计和实证分析中的开放式、主轴式和选择式编码，发现学生喜欢具有业务精、性格好、品行正、政治强、形象好、视野广六大特征的初中道德与法治教师。

（一）政治强

2019 年 3 月 18 日，习近平在学校思想政治理论课教师座谈会上的讲话中提出，"政治要强，让有信仰的人讲信仰，善于从政治上看问题，在大是大非面前保持政治清醒""自觉弘扬主旋律，积极传递正能量"，对应了学生对教师的政治素养的要求，即"政治站位高、正能量"。"3·18"讲话中的"情怀要深，要有家国情怀，心里装着国家和民族"，体现为学生希望教师"爱国爱党爱人民"。除此之外，学生还希望教师"公平正义、知法守法"，体现了课标第四学段中对法治教育的内容要求的落实，且成效显著，实现了"三进"，使学生感知到法治教育的重要性。

（二）业务精

业务精是指在教学的理念、目标、内容、方法和过程、评价、课堂管理能力方面，教师能够达到保证高质量教学水平。

优秀的教学理念是实现立德树人目标的基石，是课程合理实施的前提。"以学生为本"的理念要求教师因材施教，发现学生在学习过程中的困难，及时调整教学计划；同时，需要维持融洽的师生关系，因为"亲其师，才能信其道"，才能有效实现教学内容的"三进"。

在目标方面,《义务教育道德与法治课程标准(2022年版)》(以下简称《课标》)要求教师"从发展学生核心素养的角度,制定彰显铸魂育人的教学目标",并且需要做到"政治立场鲜明、价值导向清晰、知行要求明确"。然而,学生目前对于好教师的诉求仅为"教学目标明确",一方面是由于学生对教学目标的认知能力有限,另一方面折射出教师制定的教学目标模糊或无效,因此,在教学中需要进一步加强目标导向。

在内容方面,《课标》建议应该"及时丰富和充实教学内容,反映党和国家重大实践和理论创新"。这就要求教师熟知时政和教材的内容,并能将其融入课堂,体现时代性和生活性。

在方法和过程上,根据习近平总书记"3·18"讲话中"创新课堂教学,给学生深刻的学习体验"的要求,《课标》建议需要实现"说理教育与启发引导有机结合""灌输性和启发性相统一",学生也更喜爱方法灵活、剖析重点、讲课系统的教师;同时,具备过硬的思维思辨能力。只有这样,才能如"3·18"讲话中所要求的"坚持政治性和学理性相统一,以透彻的学理分析回应学生,以彻底的思想理论说服学生,用真理的强大力量引导学生"。

在评价方面,坚持学生自评、学生互评、家长、教师等多评价主体评价并行的科学评价方法,善于应对学科进入中考的机遇和挑战,在作业和命题等方面展现过硬的基础能力,实现以评促学的目标。

在课堂管理能力方面,教师的能力体现在对课堂氛围和教学秩序的把控能力,从而实现课堂上师生之间的良性互动。这有助于在坚持教师主导性的前提下,保证学生的主体性,实现主导性和主体性相统一。

(三)性格好

教师的性格是学生极为关注的教师特质。同时,也有大量的实证研究发现,教师的性格与学生的学习效能有联系,甚至能影响学生的一生。因此,教师性格在实现立德树人目标中也扮演了重要角色。不同的学生可能对教师性格有个性化的偏好,各方面的研究也得出了不同结论,例如,教师"当温柔而有力量""应仁慈、体谅、有耐心"等。即便难以得出一类确定的"最优性格",但经过对学生的开放问卷调研,仍然可以确定一些共性的特质,即幽默风趣、温柔和蔼、乐观自信、耐心沉稳、开明包容。其中，学生希望教师在课堂上幽默风趣，在解答问题和解决学生困难时温柔和蔼，在学生犯错时开明包容，乐观自信和耐心沉稳则是对教师生活和工作中形象的期待。

（四）品行正

教师个人的行为和品质潜移默化地影响着学生的学习状态和学习效果。学生对教师的职业道德要求主要包括做学生的榜样、热爱职业、勤奋敬业、关心学生、教学严谨，对教师个人品德的要求包括正直、诚信、有礼貌、乐于助人、道德高尚。

对于职业道德，在"做学生的榜样"方面，"3·18"讲话要求道德与法治教师"要有堂堂正正的人格，用高尚的人格感染学生、赢得学生""自觉做为学为人的表率，做让学生喜爱的人"。在"热爱职业和勤奋敬业"方面，学生对教师的职业情怀有较高的要求。"关心学生、教学严谨"与师生关系和教学能力有关，是优秀能力的外显。

对于教师个人品德，《课标》在起到衔接作用的第三学段（6年级）则对道德教育提出了具体的要求，包括诚信、自尊、自爱、自强、自省，平等待人、团结互助、懂得感恩、关心集体，等等；在第四学段（7至9年级）则主要体现于针对青春期的生命安全与健康教育，例如形成正确的自我认同，树立正确的人生观和价值观，遵守社交礼仪、诚实守信，正确看待挫折，等等，都反映在学生对好教师的要求中。

（五）形象美

教师专业形象是教师内在形象与外在形象的统一。内在形象即育己形象，指教师的德、识、才、学；外在形象即育人形象，指教师的言、行、形、貌。外在形象好也是学生心目中好教师的特征。学生认为形象美的好教师主要包括衣着打扮、举止大方得体的外在美和心灵的内在美。

（六）视野宽

教师的视野反映出教师的阅历，即"3·18"讲话中提到的"视野要广，有知识视野、国际视野、历史视野"。学生认为，多才多艺的教师更能引经据典、触类旁通,在师生关系的处理方面也更得心应手,可以更好地融入学生群体,得到学生的信任和肯定,进而更好地践行"亲其师,信其道"。

第二节　思政课好教师指标框架构建

上文详述了中学生心目中的思政课好教师具有业务精、性格好、品行正、政治强、形象好、视野广六大特征。本章依据这些特征进行指标的细化,详细指标见表 4-2。

表 4-2　思政课好教师指标框架建构

一级指标	二级指标	观测点
政治强	政治意识	观念意识
		身份意识
	社会主义核心价值观	公正
		法治
业务精	教学理念	以学生为本
		生活化
		时代性
	授课能力	目标
		内容
		方法
		过程
		思维能力
		评价
	课堂管理能力	氛围
		管理

（续表）

一级指标	二级指标	观测点
性格好	性格好	幽默、风趣
		温柔、和蔼
		乐观、自信
		耐心、沉稳
		开明、包容
品行正	职业道德	爱岗敬业
		关爱学生
		教学严谨
		做学生的榜样
		积极向上
	个人品德	正直
		诚信
		有礼貌
		助人为乐
形象美	内在形象	气质佳、精神面貌好
	外在形象	打扮得体、举止大方
视野宽	知识和经验视野	博学多智
		实践经验丰富
		阅历丰富
	兴趣视野	兴趣广
		爱好多
		多才多艺

一、调查内容和调查步骤

本研究借助问卷星平台，采用网络调查的方式，对上海市6178名初中学生进行匿名封闭问卷调查，具体的样本分布信息见表4-3至表

4-5。样本在性别和年级方面的分布相对均衡，在生源地方面的分布与上海市城镇人口比重（89.30%①）相匹配。调研涉及 7 个城镇区域和 1 个郊县区域的 14 所学校，具体情况如表 4-6 所示。经检验，不同年级间的性别分布相当，无显著性差异（$\chi 2=3.587$，$P=.31>.05$）。

表 4-3 调研样本的性别分布

性别	样本数	比例
男	3088	49.98%
女	3090	50.02%

表 4-4 调研样本的年级分布

年级	样本数	比例
六年级（预备班）	1498	24.25%
七年级（初一）	1432	23.18%
八年级（初二）	1522	24.64%
九年级（初三）	1726	27.94%

表 4-5 调研样本的生源地信息

生源地	样本数	比例
城镇	5656	91.55%
郊县	522	8.45%

表 4-6 调研 14 所学校的属地信息

区县	学校数	类型
徐汇区	2	城镇初中
浦东新区	3	城镇初中
静安区	1	城镇初中
黄浦区	1	城镇初中
嘉定区	2	城镇初中

---

① 源于《中国统计年鉴》的 2020 年数据

（续表）

区县	学校数	类型
闵行区	1	城镇初中
宝山区	2	城镇初中
崇明区	2	郊县初中

本问卷分为基本信息和主问卷两部分，基本信息包括性别、年级、生源地等；将六大特点作为研究角度，对问题进行编号。不同的角度编号首字母不同，并在非单选题前的括号内标注特殊的题型。若未标注非必选，则所有题均为必选题。从综合角度，主要调研学生是否对道德与法治课满意、是否对道德与法治教师满意，以及教师在6个角度上表现的评价和重要性认识。从政治角度，从课堂表现及学生对政治身份的认同感来反推教师的政治意识培育和价值观教育成效。从业务角度，根据开放问卷调查学生提及的内容，从教学理念、授课能力和课堂管理能力3个方面来衡量教师的业务能力及授课能力，还特别考察其教学目标、内容、方法、过程与评价方面的表现。从性格方面，根据开放问卷中学生所提及的性格特质，让学生对最重要、最典型的教师的好性格进行排序。从品行方面，主要考察教师的职业道德和个人品德：在职业道德方面，部分参考了《中小学教师职业道德规范（2008年修订）》来考察教师是否爱岗敬业、身先示范、有无越过"师德红线"的打骂和体罚行为；在个人品德方面，主要调研了教师是否具备开放问卷中学生提及最多的好教师优秀个人品德。同样，在形象与视野方面，本文也参照开放问卷的结果编制了问卷。

问卷的详细题项信息将在后续章节展示，表4-7列出了题项对应的角度和观测点。

表4-7 主问卷题项对应的角度和观测点

角度	观测点
政治强	政治认同
政治强	价值取向
	家国情怀
业务精	教学理念：以学生为本

（续表）

角度	观测点
业务精	授课能力：教学目标
	授课能力：教学内容
	授课能力：教学方法和过程
	授课能力：评价
	课堂管理能力
性格好	性格好（幽默风趣、温柔、和蔼，乐观自信、耐心沉稳、开明包容）
品行正	职业道德
	个人品德
形象美	内在形象
	外在形象
视野宽	知识和经验视野
	兴趣视野

调查具体分为如下几个步骤：第一步，开展封闭式问卷调查。第二步，进行信息处理和统计分析。将答卷数据从问卷星平台中导出，并导入 SPSS 软件。第三步，进行数据分析并提出实践建议。

二、结果与分析

问卷的开放时间为 2022 年 7 月 12 日至 25 日，共 2 周，回收问卷 6178 份。问卷的作答时间的中位数为 5.42 分钟，最小值为 1.98 分钟。因为若未答则无法提交，因此所有问卷必答题项无缺失值，均有效。

表 4-8 列出了从综合角度"看"教师的题项，本节对综合角度的 6 个指标调查的总体情况做分析。

表 4-8 "综合"角度题项

问题	选项
你喜欢道德与法治这门课吗？	喜欢、一般、不喜欢
道德与法治教师在你心目中的印象好不好？	好、一般、不好

（续表）

问题	选项
道德与法治课好教师最重要的特征是什么？请从 6 个特征中选择 3 个，并按重要性程度顺序排列	政治强、业务精、性格好、品行正、形象美、视野宽
（矩阵单选）请对目前的道德与法治课任教师做一个评价	（矩阵单选题）行：政治强、业务精、性格好、品行正、形象美、视野宽；列：符合、无法判断、不符合

（一）对教师印象和课程喜欢程度的总体分析

经调查，结果如表 4-9 所示。

表 4-9　道德与法治教师在学生心目中的印象统计

道德与法治教师在你心目中留下的印象好不好？				合计
好	4086	1097	56	5239
一般	85	695	72	852
不好	7	28	52	87

由表 4-9 可看出，6178 位学生中，有 5239 位学生对道德与法治课任教师的印象好，所占比例为 84.80%。有 4178 位学生喜欢道德与法治课，所占比例为 67.63%。

（二）对政治强、业务精、品行正、性格好、视野宽、形象美 6 个特征的分析

1. 总体期望情况

为了分析学生对教师的期望，我们对问题 A3 排序第一位的特征进行了统计，结果如表 4-10 所示。总体而言，这 6 个方面专业形象排位情况为：第一位为品行正，占 33.7%；第二位为政治强，占 28.4%；第三位为性格好，占 18.1%；第四位为业务精，占 14.5%；第五位为视野宽，占 4.0%；第六位为形象美，占 1.4%。

表 4-10　学生心目中道德与法治课好教师 6 个特征统计

特征	频率	百分比	有效百分比	累计百分比
政治强	1752	28.4%	28.4%	28.4%
业务精	896	14.5%	14.5%	42.9%
性格好	1116	18.1%	18.1%	60.9%
品行正	2085	33.7%	33.7%	94.7%
形象美	84	1.4%	1.4%	96.0%
视野宽	245	4.0%	4.0%	100.0%

2. 现实符合情况

通过统计学生对道德与法治教师 6 个特征的现实评价，发现政治课教师在 6 个方面特征符合比例超过 80%，最好的为品行正（占92.6%），然后依次为政治强（占 89.1%）、性格好（占 87.7%）、视野宽（占 86.8%）、业务精（占 86.5%），形象美符合度相对较低（占 80.3%）。

综上所述，对上述素养的调查体现出上海市的初中道德与法治任课教师整体素质较高；然而，少数学生反映的与师德有关的问题尤其值得关注。

本章小结

本章从学生视角，依据习近平总书记对思政课教师提出的"六要"标准，结合《义务教育道德与法治课程标准（2022 年版）》核心素养内涵，采用开放式问卷和访谈相结合的方法，对学生心目中初中道德与法治教师的专业形象构成进行实证研究。通过数据编码和处理，发现学生喜欢业务精、性格好、品行正、政治强、形象好、视野广的初中道德与法治教师。因此，本研究从政治、业务、性格、品行、形象和视野 6 个方面勾勒出学生心目中初中道德与法治教师的专业形象特征，并对其实际情况进行了分析。研究发现，在学生的心目中，品行正、政治强、性格好 3 项特质位居前三位，形象美排在最末位；相比于其他特征，形象美特征鲜受学生关注。

第五章

实践探索

教师专业发展具有其内在规律，但其专业发展的方向和目的要观照学生需求。在厘清学生心目中的中学思政课教师的专业形象后，思政课教师研修共同体在组建和运行中，应充分将教师自身专业发展的需求和学生对教师的期待紧密结合在一起，尝试通过创新教师"研修"途径和方式，使思政课教师在专业获得发展的同时，满足学生对"好"思政课教师的期待，使思政课教师的"教书育人"更有成效。

第一节　H 初中思政学科德育
实训基地的背景与定位

一、思政课教师专业发展的政策要求和实践需求

H 初中思政学科德育实训基地回应了国家实施学科德育的战略要求。2017 年，教育部颁布了《中小学德育工作指南》，同年教育部又发布了《中小学德育工作指南实施手册》，对课程育人提出了要求，指出要将中小学德育内容细化落实到各学科课程的教学目标之中，充分挖掘渗透于各门学科课程中的德育资源，并融入教育教学的全过程。开始于 2005 年的上海市"双名工程"[①]，一直将学科德育实训基地作为重要的项目之一，为上海市德育教师专业发展提供了很好的平台。H 初中思政学科德育实训基地是在国家重视学科德育的大背景之下和上海市学科德育实训基地建设的基础之上形成的，是对国家学科德育要求的积极回应，也是对"双名工程"的延续和创新。

H 初中思政学科德育实训基地及时回应了社会转型对思政课教师的挑战。近十几年来，我国社会转型加剧，社会价值观日趋多元化，全球化向纵深发展，以及随着新的信息技术发展，学生获得新信息越发便捷，在一定程度上开阔了学生的视野，同时在一定程度上对学生的思想观念和行为习惯产生了消极影响。在这样的时代背景下，思政课教师面临着诸多挑战，如何准确地分析学生的情况、更好地打动学

---

① 为建设高素质高水平的校长教师队伍，加快培养优秀校长教师，发挥骨干校长教师的引领和示范作用，上海市教委于 2005 年起启动上海市普教系统名校长名师培养工程。

生？H初中思政学科德育实训基地意在通过研修共同体来促进思政课教师专业发展，解决思政教育中的实践问题。

H初中思政学科德育实训基地回应了上海实施素质教育的要求。为了改变学校教育中重智育轻德育、重课堂教学轻社会实践的现象，推进素质教育的发展，上海市教育工作委员会提出要修正原有对德育的错误认知，在第三期课改中强调把知识与技能、过程与方法、情感态度价值观目标有机融合，凸显情感态度价值观目标落实，把德育资源在学科教学中有机融入。同时通过编制学科德育操作指南和设立学科德育实训基地等形式，改善当前中学德育工作的开展效果。H初中思政学科德育实训基地的建立就是探索思政课教师的专业发展，落实上海市教育工作委员会关于学科德育的改革措施。

二、塑造学生视角下的"魅力思政课教师"

H初中思政学科德育实训基地把塑造"魅力教师"、促进学科发展、辐射基地经验作为主要的实训目标。但这一切都要基于学生的需求。实训基地将提升教师素养与落实立德树人紧密结合，努力将思政课教师培养成学生心中的好教师。具体而言，基地通过加深教师对大中小学德育课程一体化建设的认识，将社会主义核心价值体系融入教育教学全过程，努力培养出一批业务精、性格好、品行正、政治强、形象好、视野广的初中思品学科中青年骨干教师。

在实施原则上，遵循总量控制、比例协调、条块结合、分层培养的基本原则，有序开展实训活动，致力于培养一批骨干思政学科教师。基地机构健全，设置有合理的总体方案和阶段性方案，整合了多渠道的可用资源，为基地建设营造了良好的专业环境。通过统筹资源，基地做到了"适应时代变革，推动优质资源和教研的一体化"[①]。总的来讲，基地定位响应了政策要求，切合了时代背景，致力于提高思政课教师的育德意识和育德能力，以回应学生对思政课教师的期待和满足学生成长的需要。

---

① 谭红岩，孟钟捷，戴立益.大中小学课程思政一体化建设的路径分析［J］.教师教育研究，2022，34（2）：92-95.

三、促进教师个体与共同体协同发展

思政课教师研修共同体建设是为了借助共同体的智慧和力量，将每个教师引向卓越，而非将其同质化，是在共同体发展的基础上引导个体走向卓越。具体而言，研修基地抛弃了教师共同体的内部成员是同质的想法。研修基地不是为了将共同体内部的教师打磨或复刻成一个个教育观念、教学风格雷同的教师，而是扎根于每位教师自身的教育教学生活，深入每位教师的教育问题和困惑，展现每位教师自身的特点和风格，使其成为一名合格的任课教师的同时，进一步引向优秀和卓越。由此，在教师共同体的帮助下，每位教师将实现"各美其美，美美与共"的"和而不同"的理想。

第二节　基于实证对思政课教师
研修方案进行顶层设计

一、基于师生需求调研，确定思政课教师研修目标

基于前期对学生心目中思政课教师形象的调研，基地确定通过研修共同体促进思政课教师的专业发展总体方向是政治强、业务精、性格好、品行正、兴趣广。这体现了从学生视角和学生本位的研修导向。同时，基地进一步通过学生调研来确定中学生思想道德等方面的特点，以提升研修的针对性。2011年12月，基地围绕"凸显育人价值，提高初中思想品德课教学有效性的实践研究"项目，以封闭式问卷的方式，在上海市徐汇、静安、虹口、普陀、黄浦和浦东新区的16所中学，对六至九年级的初中生开展了问卷调查。总计回收答卷7714份问卷调查之后，课题组分年级和性别两个维度，分析了中学生在"理想信念、健全人格、公民素质"3个方面存在的差异，进而提出了注重培育学生思政课学习兴趣、提高教师的育人艺术、强调学生道德实践、优化思政课教学评价、促进思政课形成合力等建议。在此基础上，基地确定了师德修养高、专业基础实、教学理念新、育德意识浓、育人能力强、实践特色明的总体研修目标。

同时，基地更加重视教师个体化研修目标的确立。在基地招生

时，申请的教师需要对自我专业发展基础进行分析，确定未来 3 年的研修目标，并提出对研修基地的期待（见表 5-1）。

表 5-1　上海市初中道德与法治学科德育实训基地
教师个人专业发展三年规划例表

姓　名		学　校		出生年月	
性　别		职　称		学历学位	
教　龄		职　务		政治面貌	
专业发展基础分析					
（从学习能力、教学实践能力、研究能力、反思能力、师生交往能力等方面分析，指出优势与不足）					
发展目标					
（总目标与学年目标）					
发展措施					
发展所需要的支持保障					
（实现目标需基地、学校提供的支持与保障） 对于基地： 对于学校：					
导师意见					
学校意见					

例如，QWJ 老师的研修目标："希望通过在实训基地的三年学习，能够成长为有一定的教育教学特色，具备较高的师德修养和专业素养，有一定的科研能力，掌握一定信息技术能力的成熟教师。"

基地在分析所有教师的优势、不足和研修目标后，将成员的研修目标分为教学、科研和综合三大类，并结合教师自身的研修目标，分别设置提升教学的研修目标、精进科研的研修目标和综合发展的目标，以适应不同教师的专业发展需求。如，基地针对某教师三年规划的内容，认为其在教学和科研两方面发展比较均衡，且个人对教学和科研的发展均有诉求，因此，基地协助其优化研修目标，提出"教学为基、科研为翼"的研修目标，并基于其前期具有较多科研课题参与的经历和经验，进一步提出"以科研带动教学改进"的研修目标。

二、基于教师的育人困惑设置共同体研修内容

研修教师的研修不能脱离自身的实践，不能脱离教育体验的反思，不能脱离教育理论的把握。教师的成长是从教师自身的需求与经验引发的一种变革。[①] 特别是基于共同体的教师研修，更需要找到研修教师存在的共通性问题，并识别教师特殊性的优势和问题，以提升研修共同体的研修效率，在共同体内部充分实现教师间相互学习、共同进步。为此，基地提出了"研修基于调研、调研先于研修"的项目策划要求。通过调查问卷、个别访谈、座谈会议、实地考察等多种形式，科学地开展教师专业发展问题和需求调研，以获取准确而真实的需求信息。同时，基地将研修需求调研与诊断贯穿研修始终。研修过程中，通过对教师的课堂观察记录、学习感悟、个人阶段总结等材料的分析，结合对教师研修满意度调查等，全面深入地了解教师的研修需求和研修进展，根据教师需求来灵活地调整研修内容、设计论坛主题与研究课题；注重充分挖掘已培训内容的效果反馈和总结反思，把每次研修的效果反馈和总结反思，作为下一次研修需求调研的起始环节，形成循环机制。

例如，2016 年在实施上海市学校德育创新项目"区域性中小学德育主题网络课程开发的实践研究"过程中，我们思考如何制定网络研训课程，主题从何而来。基地主持人认为，必须基于调研，聚焦教学中的真问题。只有针对教学中的真问题，以学论教，才能开发出真正提高教师学科专业素养的课程。为此，基地借助互联网平台与技术，开展大样本调研，全面了解上海市初中道德与法治学科教学的现状与存在的问题。基于调查结果，基地综合平时教研的情况，发现目前道德与法治学科教师普遍缺乏两方面素养：一是缺乏基本的学科原理知识，二是缺乏

① 钟启泉 . 教师研修：新格局与新挑战［J］. 教育发展研究，2013，33（12）：20-25.

良好的教材教法及技能。经过深度分析后,基地找到了道德与法治学科的关键问题,并将此转化为网络研修课程的主题,开发出系列网络研修课程,如"初中道德与法治学科课时目标的制定""初中道德与法治课程时政教育的内容选择与方法运用"等。实践证明,充分发挥互联网平台及大数据调研功能,可以促使网络研修课程更好地直面教学实际需要解决的问题,使开发的课程真正为教师所需。

三、基于调研证据不断优化迭代基地研修方案

研修基地的实践坚持方案先行,研修方案设计坚持科学化、动态化的原则(见图5-1)。研修开始前,基地主持人和导师团队采用问卷调查、访谈等方式收集个人3年学习规划的方式,评估参训教师和基地研修方案或规划之间一致性的程度,并了解参训教师的研修需求;然后根据教师个性化的需要,进一步细化、调整研修计划,特别是优化导师指导方案,以更贴合每位教师的特质,使研修方案真正能够满足参训教师的个性化发展需要,而不是将教育理论与教育方法灌输给基地教师。

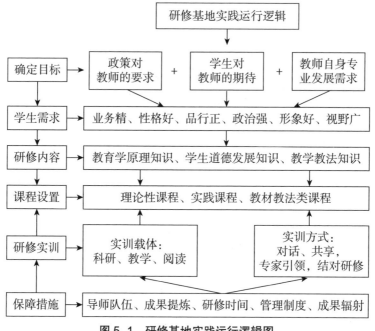

图5-1 研修基地实践运行逻辑图

研修过程中，基地对参加研修的教师进行过程性评价，建立每位教师的电子信息档案，记录教师发展的真实状况；及时、重点关注参训教师在研修过程中对原理、知识与技能的理解与掌握程度；通过集体备课、个别课例点评、撰写教学反思，找出参训教师的不足，帮助其进一步提升。

　　研修结束前，采用问卷调查、访谈、撰写阶段小结和未来展望的方式，了解参训教师对研修课程、研修环境、研修方式的满意程度。这样既有利于教师进行自我反思，全面总结在研修过程中的得与失，进一步明确自己的需求，也能够检测基地的研修质量，为基地后续的提升优化工作提供参考。

　　在研修结束后，基地会持续定期追踪评估参训教师的系列变化，观察、记录研修对其专业发展的影响，包括但不限于观察教师个人的理想信念、教学理论与实践转化能力、课题研究能力、师德素养、协同育人能力的提升等。回望过去，梳理成果、发现问题、明确方向、赓续前行。

第三节　课程设置综合思政课
教师专业发展与学生的期待

一、课程类别设置适应思政课教师综合发展

　　研修基地聚焦于让教师成为受学生欢迎的魅力思政课教师，首先就要解决思政课教师专业发展的全面性问题。研修基地根据思政课教学强调理论联系实际的客观要求，将研修课程[①]分为加强教学深度的理论性课程、拓展思政课教师教学广度的实践类课程和提高思政课教师教学精度的教材教法类课程，以此促进思政课教师在专业上实现全面发展。

　　第一，加强教学深度的理论性课程。研修基地围绕初中道德与法治课教学中的法治、国情教育和道德内容，从基本理论阐述思政课

[①] 这里所指"课程"为广义上的课程，包含促进教师专业发展的专家讲座、听评课、研讨活动等。

程的目标设置、内容安排等,让教师能够更深刻地理解思政课的课程内容。例如,为教师讲述初中道德与法治课程的理论基础——主要是中国特色社会主义理论,着重阐述作为本课程方法论基础的辩证唯物主义和历史唯物主义的科学方法。同时,在研修过程中,把握针对道德与法治教师的国情教育与针对学生的国情教育的侧重点不同。如,针对学生的教育重点在于激发学生的爱国情感,立志报效祖国;针对教师的教育重点在于提高教师的理论水平,增强教学能力。课程设计包含以下四讲:第一讲,道德与法治课的国情教育;第二讲,我国的基本国策和基本方略;第三讲,我国现阶段的一些重要战略和政策;第四讲,道德与法治课(国情教育)中学科研究方法和研究能力的培养。

第二,拓展思政课教师教学广度的实践类课程。基地重视引导教师成为"接地气"的教师,实施"活过来"的思政课教学,从学生思想构建的视角出发,在课堂教学中让学生有机会参与实践,让学生在亲身体会中实现自我思想世界的构建。例如,实践类课程道德与法治课建立在教学实践基础上,具体描述了学科课程教学开发利用场馆资源的作用、原则、方式和策略等,并通过一些具体的教学实例展现其过程,为学科教师结合学科教学开发利用场馆资源提供了借鉴,包含以下四讲:第一讲,场馆资源对道德与法治课程教学的作用;第二讲,场馆资源开发利用的原则;第三讲,场馆资源开发利用的基本形式;第四讲,场馆资源开发利用的基本策略。

第三,提高思政课教师教学精度的教材教法类课程。基地分析了教师 3 年规划中的内容和平时的教研情况,发现思政学科教师除了对思政学科的原理性知识了解不多之外,在实施符合思政课教学特点和学生思想发展规律的教学中,缺乏分析教材、设计教法的能力。为此,基地开发了"初中道德与法治学科课时目标的制定""初中道德与法治课程时政教育的内容选择与方法运用"等课程;引导学科教师思考从学生的视角进行思政课教学,例如,初中道德与法治课时政教育的内容选择与方法运用,从加强道德与法治学科教师的专业素养着手,指导教师学会选择时政教育内容,精心设计实施方法,提高教师的时政敏感性,使教师在课堂教学中能理论联系实际、善于运用辩证思维方法实施时政教育。该课程包含了现象思考、理论学习、案例分析、实践反思 4 个部分的内容。具体内容如表 5-2 所示。每一部分内容的最后还设计了课程学习作业,考查在课程各个环节中学习目标的达成度。

表 5-2　初中道德与法治课时政教育的内容选择与方法运用课程

现象思考	理论学习		案例分析	实践反思
通过对教学案例的分析，发现教师在选择时政教育内容时出现与德育课程标准，教材内容不一致，与当前国际国内重大时事、社会热点问题联系不够，与学生实际生活，思想状况不相符合等问题	听讲座：第一个讲座是"时政教育与道德与法治课的关系"。第二个讲座是"时政教育内容选择的具体要求"。第三个讲座是"时政教育方法的运用"	阅读材料：《时政教育在道德与法治课程中的定位》《时政教育方法运用的要求》，以及《德育课程与教学论》（吴铎编著）第十章思想政治课与时事教育	教师在观摩教学课例的同时，讨论两个问题：（1）课例中时政内容的选择是否体现了时政内容选择的要求？请说明理由。（2）课例运用了哪些时政教育的基本方法？其成功之处在哪里，还有什么需要改进之处？	通过对所教的道德与法治课设计时政教育，并学以致用，在课堂教学中实施。在实践的基础上对教学设计进行修改并说明改进的理由

二、课程体系设计回应中学思政课好教师的形象要求

基地在进行课程类别设置时充分考虑了思政课教师进行教学的实际需要，满足了思政课教学本身的需求。同时，基地研修也重视"学生视角"，具体课程体系设计充分考虑了学生心目中思政课好教师的形象，并以此为纲目，设计了具体的研修课程。具体而言，基地按照政治强、业务精、性格好、品行正、形象美和视野宽 6 个维度，进行课程体系设计。

第一，政治强指向思政课教师自身具有较强的政治意识、认同社会主义核心价值观，核心课程①包含"以中国式现代化全面推进中华民族伟大复兴——党的二十大精神解读""儿童的欺负概念和欺负判

———————
① 核心课程会根据不同时期具有情况有所调整，主要是突出思政课程教学的时代性特征。

断""怎样写好思政新闻"等。

第二,业务精指向思政课教师的教学理念和教学能力。教学理念方面使教师坚持以学生为本,强化思政课教学的生活性和时代性。核心课程包含《义务教育道德与法治课程标准》解读""在生活世界中构筑儿童与自然的道德关系"等。教学能力主要关注教师在思政课教学中对课程目标的把握、对课程内容的整合、对教学方法的选择和评价方法的应用等方面。核心课程包含"创造有思考的道德与法治课——基于问题的对话教学策略""基于理解的教学设计""技术时代性教学形态的创新""如何上好一节'一师一优课'""指向核心素养的中学思政课学习评价研究"等。

第三,性格好指向思政课教师具有幽默、风趣,温柔、和蔼,乐观、自信,耐心、沉稳,开明、包容等性格,主要通过课例研讨和研修共同体的文化建设对教师进行沉浸式熏陶。

第四,品行正指向思政课教师的职业道德和个人品德。职业道德方面倡导教师爱岗敬业、关爱学生、教学严谨、做学生的榜样、积极向上。核心课程包含"如何提升师德素养"等,并通过评价来引导教师注重职业道德修养。个人品德方面主要倡导教师形成正直、诚信、有礼貌、助人为乐等品质,主要通过教师自我评价和典型案例分析等手段对教师形成正确的引导。

第五,形象美指向教师的内在形象和外在形象。内在形象方面主要通过三年一次评选优秀教师,每学期评选学习积极、助人为乐、乐于奉献等优秀教师等方式,对教师形成积极引导;外在形象方面主要引导思政课教师打扮得体、举止大方。核心课程包含"教师语言的艺术""中国文化的诗意源头"等。

第六,视野宽指向思政课教师知识宽、经验宽和兴趣宽,意在引导和帮助思政课教师成为博学多知、经验丰富和兴趣广的好教师。核心课程包括"新中国德育课程回顾与展望""论文写作关注的几个问题""评价改革的上海实践""教育综合改革背景下学生实践"等,同时还组织研修行走、读书交流等活动课程,促进教师的综合素养得到发展。

第四节　综合化的实训载体锤炼
思政课教师多元素养

一、科研引领提升教师德育研究能力

课题研究是教师专业化发展的重要途径，在教师从骨干教师向魅力教师发展过程中具有重要作用。教师应成为批判地、系统地考察自己教育教学实践的研究者，从而可以更好地理解自己的课堂和改善自己的教育实践。[①] 教师长期坚持课题研究，会引导他们主动学习教育理论，站在国内外教育领域的前沿理解和分析教育教学问题，经过分析研究提出自己的新见解、新观点，形成自己的教学主张、教学思想。因此，为了培养教师不断钻研探索、创新进取的精神，鼓励教师在研究中努力探索超越自我，提炼出属于自己的理念、观点和方法，去影响和引领更多教师。基地坚持"科研＋实践"的方式，在让成员明白课题研究的必要性、重要性的同时，想方设法让成员参与课题研究，提升成员的研究素养。

基地围绕当下落实立德树人、深化教育综合改革的中心任务，进一步聚焦提升德育实效、深化德育内涵、构建校内外德育共同体、推进德育信息化等方面的前沿问题，结合自身建设方向，每期确定一两个重点项目，鼓励每位教师围绕基地总课题，确立研究子项目，编制研究方案，并根据研究方案进行教学实践研究。在教学及研究的过程中，每位教师围绕自己承担课题的研究内容听课、评课，开展案例研究，积极探索学科的育人价值及提升学科教学有效性的途径与方法。例如，在教育部哲学社会科学重大攻关课题"大中小德育课程一体化建设研究"的引领下，结合学科教学评价这一重大教育难题，基地作为大中小学德育课程一体化试点研究单位，同时肩负基地应有的学科难题攻关的使命与责任，积极组织导师和教师共同探索"基于初中道德与法治课教学梯度目标落实的教学评价研究"，发挥评价的导向作用、激励、反馈与调

---

① 王伯康，周耀威. 塑造教师新形象——教师成为研究者之必要性、可能性及途径［J］. 高等师范教育研究，2001（1）：25-30.

节作用,提升课堂教学有效性。参训教师在总课题基础上分别开展了"关于年级教学目标评价研究合作""初中道德与法治课单元教学目标的教学评价研究""教学目标评价研究总论""关于课时教学目标的评价研究"等多个子课题研究,并合作完成了学科"金字塔"的编制,厘清了梯度目标,为本研究进一步深化打下良好基础。同时,围绕"大中小学德育课程一体化建设"课题,基地开展初中道德与法治学科网络研训资源库建设项目,引领参训教师共建共享,为上海市初中教师进行道德与法治教学提供资源支撑,锻炼和提升自身的科研素养。

同时,基地鼓励参训教师把自己在教学、办学和管理过程中遇到的一些问题和困惑,转变成研修主题;在理论导师的指导下,对该研修主题进行深入的研究探索,引导教师从新时代、新教材、新教法、新要求的视角,确定新的选题,攻坚克难,确立自主研究的观念,掌握研究的科学方法,提高研究能力。例如,由教师带领原学校教师以"政、史、地三门学科随堂化作业研究"为主题,完成了"初中政、史、地学科随堂化作业的研究"课题,重新梳理了各年段各学科的练习册,对部分习题加以整合与调整,实现了教学促进作业、作业反哺教学的联动,真正做到学以致用,学为我用。教师在共同研究中提炼科研能力,深化对教育教学的认识,拓宽视野,创新思维,在不断的思考、行动中锤炼研究基本功,积极探索凸显学科育人价值的方法,提升初中道德与法治学科教学的有效性。

二、提升教师课堂教学业务能力

教书育人是教师的天职,三尺讲台是教师的圣地,课堂教学是实训的重要载体。因此,实训基地的研修视角始终锁定在课堂,立足课堂、关注学生,组织教师经常性开展课堂教学实践,提升育德意识和育德能力。

(一)开展教学研究,助推教师业务精

教师的研究是行动研究,是以直接推动教育教学实践工作的改进、解决实际工作中的问题为目的的研究活动。[①]教学是一种实践认识,

---

① 李更生,刘力.走进教育现场:基于研修共同体的教师培训新模式[J].教育发展研究,2012,32(08):76-80.

基地鼓励参训教师基于一手的教学实践知识，从具体问题出发，将教学问题转化为研究课题，并基于自身的实践进行反思，深入探究教育教学的内容和方法，最终落实到教学实践。为此，共同体以行动学习的方式，把理念变成行动，把经验内涵化为策略，紧抓参训教师迭代进阶的课例研修，在修改中明晰理论依据和实践路径，引导参训教师以课堂教学研究贯穿研修始终，积极将所学运用到自身的教学实践中，开展基于学科核心素养的教学，围绕学科核心概念开发单元式、项目式课例，不断进行听课、磨课，使参训教师"越做越知道，越讲越明白"，渐渐形成自己的教学风格，并努力提炼自己的教学主张、明晰自己的教育理念，实现了"在研究中进行教学"与"教学中进行研究"的双线互促、联动创新。

　　同时，叶澜指出："一个教师上一辈子的课不一定成为名师，如果一个教师坚持写三年的反思，就有可能成为名师。"教师要学会了解和研究自己的学生，反思和研究自己的教育教学，从而不断提高教学专业水平，走上专业发展的道路。[①] 可见，反思对教师专业成长具有十分重要的作用。一方面，基地共同体内采取"同课异构、伙伴互助"的方式，带领参训教师不断推进交流、实践、总结、反思等环节，开展"设计—实施—反思"，不断在往复迭代更新的实践课例中"打磨"教师，使教师做到敢于发现问题，学会解决问题，追求细致而完美的教学；从而通过评价反思的引领，提升育德意识和育德能力。另一方面，学期中间组织教师撰写小结，及时提炼、总结与反思。每位教师根据子项目研究方向进行日常教学研究，积累典型课例，促使教学具有反思性，引导成员不断更新自身的教学理念，形成独特的教学风格。例如，有的教师幽默风趣，以情动人；有的教师借事说理，生动形象；有的教师授课高效、深刻，基本功扎实；有的教师理性、大气，智情并重。

（二）精心打磨优课，优化教学设计

　　课堂教学集中体现了教师的教学水准。它既可以展现一位教师独特的教学风格、精湛的教学艺术，也可以暴露出教师在教学中影响教学效果的各种问题。基地根据《教育部办公厅关于开展"一师一优课，

---

① 黎琼锋. 从课堂观摩到教学反思——关于教师继续教育评价的构想［J］. 继续教育研究，
　　2005,（1）: 1-3.

一课一名师"活动的通知》相关文件精神及上海市教委相关工作要求，以"一师一优课"平台为载体，基于互联网，为基地教师搭建了教学及研究的学科展示平台，通过"打磨优课—打造名师—建设课程"三部曲，推动学科课程改革，为教师的专业化提升、学生学科素养提高创造了有利条件。为了能上好一堂优课，担任执教的教师认真钻研，精心备课、熟悉教材、分析学情、设计活动，再加上同伴之间的相互切磋琢磨，"磨课"修改，使教学精彩纷呈。基地通过不断地"打磨"优课，进行科学"诊断"，帮助教师发现教学中的闪光点和存在的各种问题，有效地引导了教师对教材、学生、教法、学法、教具使用、评价方式及语言表达、板书设计的深入研究，从而营造了浓厚的学习氛围。

"教学设计"全方位锤炼教师的基本功，是实训基地的"基础课"。它突出教师的学科德育设计思路和组织实施过程，保障思政学科核心素养在教学过程中的有效落实，充分体现了课堂教学对学生进行道德、法治、心理和国情、国策教育的主渠道、主阵地作用。基地重视对学科核心素养的研究，引导教师坚持立德树人，以学科核心素养的培育为宗旨，开展基于核心素养导向下的单元教学设计，组织每位教师在基于单元教学研究的基础上进行"一课一教"。例如，教师在"一课一教"任务中首先必须审视教材内容，提高教学设计的站位，在单元整体教学的视角下思考教学活动，加强对单元教学任务、单元基本问题、单元教学目标、单元教学方法和单元活动设计等几个方面的研究与分析，力争实现教学设计与学科核心素养目标的有效对接。同时，聚焦"一课一教"的教学设计，需牢牢贯彻和落实对教育根本问题和培育学科核心素养的认识，着重针对学习内容、基础学情、教学目标、教学基本问题、教学过程、评价要求、教学设计说明等内容的研究与分析。每个环节都以核心素养为明确指向，围绕教材内容展开。这不仅有助于不断提高教师的教学和育德能力，也有助于促进学生掌握基础知识和基本技能，提高其道德水平与法律意识，从而实现自我的全面发展和终身发展。

（三）建设课堂资源，进行教学展示

为积极探索和总结学科育人价值实现的经验和规律，充分发挥基地的示范辐射功能，开发与建设高质量的实训课程资源，增强基地实训的专业性和实效性，基地开展了上海市初中道德与法治学科资源库建设,以优课为模板,构建资源树,为每一课配备了共建共享优质的资源包,主要包含4个方面的内容:教学设计、视频录像课、积件(背景材料)及教学PPT。基地还组织全市骨干教师参与资源包的征集活动,完成了全市初中道德与法治学科的资源更新与完善(见表5-3)。同时,基于教师专业需求,基地完成了6门原理性网络研训课程及2门教材教法网络研训课程建设。

表5-3　上海各区县报送教学资源包的课题名称汇总表

序号	框题
1	我们生活的社区
2	学会珍惜生命
3	父母和子女在家庭生活中的权利与义务
4	我们的邻里关系
5	我国处于社会主义初级阶段——我国经济建设取得了举世瞩目的成就
6	全面建成小康社会
7	关注我们的生存环境(人文环境)
8	依法维护邻里关系
9	依法保护未成年学生的合法权益
10	透视群体行为,学会分辨泾渭
11	承担公民的社会责任
12	学会尊重,体谅父母
13	适应社会,完善自我
14	健康成长需要俭朴
15	家家奉献,建设社区
16	振兴伟大的中华民族
17	养家的父母最辛苦
18	自觉爱护公共设施
19	正确评价自己,增强自信
20	社会生活与社会群体

此外,优课、名师都需要在教学实践中得到验证。因此,在市教研室支持下,基地组织教师们不定期到各区上全市公开课,在教学实

践中检验教学效果。为了提升基地教师的课堂教学水平,基地联系道德与法治学科的教学实际,开展了以终为始,教、学、评一致性的创新实践研究;组织参训教师开展"指向核心素养的初中道德与法治的单元教学设计",开展各年级基于单元教学、指向学科核心素养的教学设计与实施创新。每位教师承担一节研讨课的教学任务,并分别在上海市徐汇中学、上海市南洋中学、上海市金山区同凯中学、震旦学院等学校开展教学展示与研讨。在此基础上,基地积极搭建平台,不定期举办全市教学展示活动,展现了基地在课程教学改革中的创新经验与风采风貌。例如,2019年1月,在上海市南洋中学举办了主题为"落实社会主义核心价值观,促进中小学德育课程一体化"首场展示活动。基地两位教师呈现了精彩的教学展示——二年级"网上交友新时空"、六年级"我爱我们班"。2019年6月,在上海市南洋中学举办了"坚持立德树人、指向核心素养、提升教学有效性"展示活动。基地两位教师分别执教了七年级的课程"法律为我们护航"的第一、第二课时,受到与会专家教师的一致肯定和好评。2020年1月2日,在上海市徐汇区西位实验小学举办了"增强生命意识,追求生命价值——中日生命教育教学交流研讨会"。基地教师两位教师分别执教了六年级的课程"生命的韧性"与一年级的课程"健康过冬天"。在案例研究的教学中,化知识为德行,化德行为信仰。

三、拓宽教师学科视野

一是不改初心,重温经典,开展常态化和节点性的读书研修活动;二是聚焦专题,持续深化,锤炼教师新基本功,提升育德品质。

(一)阅读经典文献

教师魅力需要长期积累,阅读经典读书是不可或缺的积累途径。教师的职业特殊性更加决定了教师必须不断地学习,不断地阅读,才能提高自身的知识素养、打开眼界,在教师专业知识和学识素养上提升自己。[①]实训基地倡导博学明辨的学风,要求教师勤读书、读好书、用

---

① 全力.名师工作室环境中的教师专业成长——一种专业共同体的视角[J].当代教育科学,2009(13):31-34.

心读书。

经典文献阅读为思政课教师回答"教什么""为什么教""怎么教"寻找理论支撑和实践路径，是青年骨干教师成长为魅力教师的基础。基地导师既指导多名教师共读同一本书，培育乐于分享的共同体文化，同时也开展人人选读推荐一本书的活动。教师撰写读书报告，利用网络平台及时交流阅读体会，定期进行集中分享等形式，达到短时间阅读多部经典文献和前沿研究的效果。例如，基地组织教师认真阅读了《诗经》《修炼》《人文名著选编》等著作，撰写了《吾生有涯，知无涯》《腹有诗书气自华》《见贤思齐焉，见不贤而内自省也》等近20篇读书笔记。此外，实践经验表明，有目标驱动的读书活动效果更佳。例如，为了共同研究课题，参训教师在与指导教师、同伴的交流反馈过程中细化研究点，突破课题研究的理论瓶颈，夯实课题研究的理论基础。在成果提炼、论文写作过程中，他们通过大量的文献阅读，拓展课题研究的专业基础和学术视野，为魅力教师的成长奠定基础。

（二）学习课程原理

教师的专业发展既要关注教育教学通识，还要关注领域专门化知识。[①]思政作为意识形态课程，教师的教育教学观念应努力践行社会主义核心价值观，符合青少年身心发展需求和特点。为此，基地注重培养教师的爱国情操、社会责任感、法治素养、心理情感能力等，开展理想教育、人文教育与社会教育的"三位一体"教育。

例如，基地组织教师学习了《习近平总书记在学校思想政治理论课教师座谈会上重要讲话》等文件，聆听了华东师范大学、南京师范大学、上海师范大学等学科知名专家主讲的"中学德育课程百年概述""儿童的情感教育与教师的情感能力""学校德育评价"等讲座，以及上海市特级教师主讲的"不断追求教育的更高境界"等10余场高屋建瓴的道德与法治专题报告，为切实做好初中道德与法治课教学，落实立德树人根本的任务，进一步提升思政育人实效，增强学生建设中国特色社会主义的理想信念，树立科学的世界观、人生观、价值观奠定了扎实基础。

---

① 顾泠沅，王洁．促进教师专业发展的校本教学研修［J］．上海教育科研，2004（2）：4-13.

第五节　多样化的实训方式满足教师多重发展需求

在实训方式上，基地教师不仅定期现场交流，进行现场思维碰撞，同时积极发挥网络平台的力量，开通公共邮箱、创建基地研修网站，让交流随时随地发生。基地不仅定期邀请高校教授、一线特级教师为教师们进行专题报告、公开课点评等专业指导，而且经常组织教师们进行结对研修、集体备课，合作完成研修任务，进行专业知识共享。

一、营造现场对话环境，助推思政课教师专业发展

现场交流是拓宽教师视野，进行思维碰撞，开展教学反思，提高育德能力的基础与关键。基地积极开展现场讲座、现场观摩、现场研讨等多种方式共同助力教师个人专业发展。

（一）现场讲座促进理论与实践深度互动

德育的魅力离不开广阔的眼界。德育教师只有站位高、眼界宽，才能高屋建瓴、把握德育规律，更新教学理念。基地为适应教师们开阔视野的需求，每学期都会邀请学科领域的知名专家为教师现场授课，内容涵盖师德建设、专业发展、教学改革、特色课堂、课题研究等。例如，邀请《道德与法治》教材主编帮助教师一起回顾新中国德育教材建设史；邀请上海市道德与法治学科特级教师分享道德与法治学科核心素养的重要性、核心素养与学科核心素养的关系、道德与法治学科核心素养的内容、基于"教—学—评"的一体化研究等方面的报告；邀请上海市教研员为教师讲授哲学和道德与法治教育的关系，告诫教师教育应回归幸福的本源；邀请上海师范大学教育技术系的教授以微课制作案例，让教师了解"微课""翻转课堂""慕课MOOC"等新兴教学形态发生的变化，教会参训教师充分利用多种App软件，如印象笔记系列、扫描全能王、百度云等，并指导教师使用这些软件，以提高教学效率，努力探索"翻转课堂"的运用；邀请高校教授、博士生导师结合多年论文指导的经验，现场指导教师开展课题研究的方法；邀请资深主持人讲解教师语言艺术的运用；邀请上海大剧院的教师做"听音聆乐话古典"的

音乐讲座。教师们纷纷表示，专家的报告给了他们当下最新、最前沿的理论知识，从专家身上领略了"为人、为师、为学"的大家风采。此外，在新学期伊始，基地还会特意安排往期参训教师与新教师展开一次面对面的主题交流活动。例如，邀请往届优秀教师代表与教师们分享参加第一轮初中道德与法治学科德育实训基地的点滴心路历程与收获。

（二）现场观摩启迪教育教学智慧

教师进行现场教学观摩是一种较常见的教育活动。观摩课主要是教师探讨课堂教学发展规律、研究改进教学方法、推广课堂教学实践经验的一种教学活动组织与形式，也是提高教师课堂和教学水平的一个重要途径。参加研修的教师在现场观摩过程中可以直观观察范例情境，思考示范者在"教什么""怎样教""为什么这样教"等一系列逻辑性问题[①]。这个时候，示范者就成为参加研修教师的学习榜样，就具有权威性，参加研修的教师就会潜意识地模仿示范者，借鉴其优秀的教学经验。

因此，基地把观摩优质课作为一项重要内容，每学期都会带领教师进行现场教学观摩，让教师走进各区一线优秀教师的课堂，从中感受到他们专业知识的精湛和严谨、课堂教学的温度和深度，由情入理，让体验与思辨在学习过程中构建；由理促情，让教育润心于无声之中。基地组织教师先后赴崇明裕安中学、闵行莘松中学、平南小学等单位参观、考察和交流，汲取各家之长。例如，观摩华东师范大学第四附属中学"我们的邻里关系"的课堂教学，学习上课教师如何通过巧妙的情景创设、问题预设与生成，来弘扬和传播课堂正能量；观摩静安区市西中学教师的社会实践展示课"我们的社区""社会公共生活"，给教师提供了道德与法治课教学与学生社会实践活动整合的思考。特别是赴武汉参加全国中学德育课观摩展示活动，教师们更是取得了有益的"真经"，获得了智慧的共享。

（三）现场研讨碰撞教育教学经验

合作学习、体验感悟、榜样运用和微视频预学习等教学手段，都

---

① 刘清堂，张思.教师混合式研修中主题研修活动设计模型研究［J］.中国电化教育，2015（1）：111-117.

为教师们提供了可借鉴的经验。通过观摩、评议和专家点拨，教师在交流与融合中激活和丰富了原有的教学经验，产生了新的教育智慧。例如，在"一师一优课"研究的过程中，基地教师一直在思考：什么课才是优课，如何通过优课打造名师？优课、名师都需要在教学实践中得到体验与验证。因此，在上海市教研室支持下，基地主持人组织教师们到各区上全市公开课，在教学实践中检验教学效果。如，基地在崇明裕安中学开展游学活动，基地教师向大家展示了一堂主题为"肯定自己，增强自信"的六年级教学研讨课。听课教师们一致认为，该执教教师的课既幽默诙谐，又不失理情交融的教学特色。课后，大家围绕"基于标准的教学"的研讨主题开展了充分的研究与讨论。基地还在西南位育中学组织了"聚力新思政当好引路人——新时代如何上好思想政治理论课研讨会"；在闵行区北桥小学组织了"上海市道德与法治学科德育协同研究中心建设项目推进会"学术研讨会，在研讨会上，基地教师围绕研究专题，积极开展听评课活动，通过现场研讨，共同提升育德意识和育德能力。此外，基地定期开展读书学习交流会等活动，通过专家、教师共同批注的读书漂流等形式，加强学习交流，撰写学习心得，达到共享共学共同提高。

二、搭建网络共享平台，协助思政课教师互相学习

基地充分借助互联网，建立道德与法治学科德育云资源库和研训网络平台，为参训教师间的交流提供了更多机会，让相互学习与在线互动更加自由。

（一）云资源库建设与教师专业发展"同频共振"

互联网、云资源日益成为教师专业发展的重要资源，初中思政学科德育实训基地建设也积极参与其中，开展云资源库建设，促进教师的专业发展。研修基地以上海市初中思政学科德育实训基地为主体、以区教育学院及市远程教育集团电教馆为依托，共同构建顶层设计科学、课程内容系统、平台运用开放、资源建设生成、教师专业发展、机制保障持续为特点的上海市初中思政学科网络研训资源库。

云资源库建设秉承 3 个原则：整合云集原则，即该云资源库整合了上海市远程教育集团、上海市初中思政学科德育实训基地、上海市

学科教材组及市区县学科资源的学科资源，并对它们进行梳理、选取、修改与重组；研训促建原则，即在基地实训过程中，组织基地教师、学科骨干教师、导师等共同开发个人相对独立的富有个性化的资源云，形成教师空间、基地空间协同的学科研修云空间，在"研修一体"中提供资源；共建共享原则，即探索并形成以基地、徐汇区为主，市区县合作的资源开发机制，搭建征集评选机制，提高教师参与云资源库建设的积极性和主动性。

研训课程建设是云资源库建设的核心内容。基地从教师专业发展的角度进行顶层设计，制定研训课程框架，并分别从"师德与修养""课程与教学""科研与探索"3个模块进行课程开发；在课程框架的引领下，系统构建了"研训一体"的上海市初中思政学科网络研训课程。课程主要根据大中小学德育课程一体化顶层设计的内容，梳理教材内容，模块化呈现教育主题，通过树型结构的呈现，促使课程建设图谱化、重点内容全覆盖、德育指向显性化，帮助教师全面而重点把握学科内容；通过开展上海教材与人教版教材的比较研究，呈现不同侧重点。2013年至今，基地组织完成了初中道德与法治、心理、法律等6门原理性课程与4门市教材教法研修一体网络课程，其中3门已成为市共享网络课程，供全市学科教师选学。同时，基地总结提炼课程开发的基本程序与工具，形成教师研修课程建设新机制。

此外，为进一步整合优化学科教学资源，积累和运用学科研修资源，为一线教师提供丰富、鲜活的研修资料，促进教师专业能力和素养的提升，在上海市教委德育处的支持下，上海市学生德育发展中心与上海市初中思政学科德育实训基地联合开展了研训微课和"一师一优课"等征集评选活动，获奖微课程将纳入资源库，供全市教师研修使用。总之，通过建设初中道德与法治网络研训资源，整合了教材内容的网络化资源和研训内容的生成性资源，实现了研修课程、教育教学研究活动、教育教学研究资料、专家同伴研讨与合作等资源的有效集聚、整合、开发、共享，并在全市形成辐射。

（二）网络研训平台运行促进教师全面发展

要想从整体上提高道德与法治课程的德育价值，就要搭建服务于道德与法治教师的实训平台。这既是开展学科德育的要求，也为教师专业发展创造了契机。研训平台是实现教师学科德育远程研训的核心。建立有效的实训平台机制，可以为骨干教师培养提供资源共享的有效经验。

为此，学科德育实训基地建立了基地博客，充分利用网络平台，开展学习心得、体会等交流互动，共享学习资源、开展跨时空的学习研修活动。基地还依托徐汇教育信息网"校本研修工作坊"平台，以及学科德育实训基地多年的博客运作经验，根据初中思政课的特点和学科德育实训的要求，在课程内容框架初步建构的基础上加以创新与改造，构建了一个生动活泼、常态化、交互性强、能发挥教师主体作用、促进共同提高的远程研训平台。该平台挂靠在徐汇教育网站上，由徐汇区教育学院信息技术中心负责安全管理和技术服务。平台以教师个人空间为主体，以日常教研活动中的资源建设为重点，将参与基地的每一位教师发展为一个自媒体，逐步形成与思政学科配套的媒体资源，最终实现研训的转型、教学优化，促进教师学科德育意识和育德能力的提升。

初中思政课研训网络平台在功能设计和界面设计方面，充分考虑了教师用户的使用习惯和业务需求，平台有"内容发布""社交相关""文章 / 资源" 3 个前端展示模块。在内容发布模块中，教师用户可以通过电脑和平板、手机等移动终端设备在个人空间里随时随地发布文字、图片及其他格式的附件，以及与教学相关的课件，还可以为发布的内容定义标签和分类；在社交模块，每个用户均可关注指定标签，关注特定的其他用户，系统可根据用户自身学科的年级属性自动与他人建立关联；在文章 / 资源展示模块，个人空间内容可以完全呈现，系统根据发布内容的标签和系统分类自动汇聚多类资源展示页面，用户之间可以转载、评论、喜欢空间里的内容，从而使其发挥网络教研互动的功效。

从资源建设层面分析，初中思政课教师研训平台自 2013 年 10 月开通之后，形成了研训乐园、教学设计、教学资源、教学评价、名著选读、影视荟萃、美德故事、实践活动、教学案例、名师风范等 22 种资源分类。另外，该网络平台还与上海教育资源库中的优质资源互通，形成了市级资源与区域个人资源的共享，在达成既定目标的同时取得了良好的效益。

三、建立专家引领机制，协助教师树立先进理念

实训基地根据实训工作目标和要求，建构了"导师 + 青年骨干"的两级学习研究共同体。基地教师每人负责一项课题，并分配专业导

师进行指导。专业导师包括具有深厚理论积淀的高校教师、具有德育实践工作管理与研究经验的人员和具有德育研究经历的学术期刊编辑等。在实训工作中,他们发挥各自的优势和专长,分别从学科专业理论、学科实践经验总结提炼、学科教学活动设计、学科教研论文撰写等诸多方面,给予实训基地教师具体指导,帮助青年骨干教师形成自己的教育教学特色,助力其成为在区域能引领、在全市有影响力的高素质专业化创新型魅力教师。

迄今为止,基地组建了由上海市教育信息化专家、上海市思政学科专家、市级骨干教师组成的高层次专家团队,护航基地项目的实施。一方面,基地充分发挥来自高校、管理部门和业务部门等机构资深专家和顾问的作用,在基地建设中发挥各家之长、多元机制。如,开出基地专家课程菜单,供基地学习和教师自主学习。另一方面,积极发挥基地专家智囊团的作用,为每位教师专业成长把脉。在教师根据自己的特点制定三年专业发展规划的基础上,为教师配备一对一指导专家,提供个性化指导。此外,通过组织各类专家报告、多种专题论坛等形式,帮助教师主动参与,树立先进的、科学的教育教学理念,全面、正确地理解和把握课程标准,改进和优化教育教学方法,提升教学艺术,提高教师驾驭学科课堂教学和进行课题研究的能力。

四、创设结对研修氛围,发挥专业共同体力量

学科德育实训基地打破了传统的"教"与"学"关系,将研修者和被研修者都视为学习者和研究者。教师之间通过了解、深度交流与协商结成密切的伙伴关系。

(一)基地内部结对实现"求同存异"

作为研修组织者,应该为教师的学习营造一种相互尊重、合作的氛围,促进教师有效地进行学习[①]。实训基地既借鉴了传统的理论指导实践、导师帮带教师的培养模式,又结合当前新的教育形势,建设结对研修型学习共同体,助推教师实现共享式、融创式、合和式成长;正确地处理整体发展与个体发展的关系,既尊重实训基地每一位成员的

① 鱼霞,毛亚庆.论有效的教师研修[J].教师教育研究,2004(1):14-19.

专业发展自由，又注重整体上互帮互学、互相促进，以实现团队的共同发展。实训基地每一位成员都有自己独特的教学经验和学习、成长经历，还有个性化的知识结构和思维方式。实训基地建立起一种互惠互利、优势互补的格局，在不同领域的交流与碰撞中，启迪彼此的思维，使每一位成员都能在研究与交流中得到提升。通过与来自不同组织背景的专业人员的交流学习，参训教师可以进行不同类型的跨边界学习，不断完善自己的知识结构与储备。不同领域的知识在不同边界间不断流动，使教师的学习更加多元化并具有针对性。

（二）基地外部结对实现"求异存同"

实训基地通过跨区联动、外部结对的方式组织教师进行跨边界学习，与金山、长宁、嘉定、闵行等各区教研室联合研修，组织观摩相关市级教研活动，为教师提供相互学习实践展示的平台。在实训基地活动过程中，与来自不同学校与年级的教师进行结对研修，通过观摩、参与式学习、集体备课、"磨课"、上课、听评课等活动，不断学习来自不同名师和优秀同行的先进教育理念，不断更新自己的学科知识与课堂教学模式。例如，与中学语文德育实训基地（于漪教师基地）联合开展"我和中国梦——筑梦人的前行路"论坛，并由上海教育电视台播放。同时，实训基地成员在实训基地主持人与教研员的互动中，不断反思与转变自己的课堂教学设计理念与教学方式。

此外，教研员、高校专家的加入，使实训基地中的教师有更多跨越边界学习的机会。教师在结对研修中，通过对各种教师专业活动进行诊断、改进、反思、总结与优化，不断开拓教师专业发展的新领域，提升专业学习的层次。通过多种路径的教学活动，实现向魅力教师的转型。

第六节　建设多元化保障措施，提升研修质量

保障措施是学科德育实训基地开展各项工作，确保其正常运行的重要条件。具体而言，保障措施是名师实训基地对其正常运转所采取的时间、经费、技术、管理制度的维护与保障，避免实训基地的各项工作陷入无序状态。

一、组建水平高、来源广的导师队伍

基地在吸收先进经验、整合优化资源的基础上，以实训理念和研修目标为指导，探索并构建了"三位一体"式的导师队伍。基地分别邀请政策、理论与实践3种类型的上海市知名的高水平教育教学名师担任实训导师，培养教师的政策思维、理论素养和实践智慧，即"三位一体"，共同指向教师育德能力的提升。

政策型导师包括上海市教委教研室、徐汇区教育学院的相关专家和领导。他们通过政策引领和行政支持，为基地教师的教育政策学习、实践活动和专业成长提供了必要的平台、资源和精神帮助，用行政力量推动思政学科德育实训基地建设。

理论型导师来自高校、科研院所，聚合了华东师范大学、上海师范大学等知名院校的学者和教育专家。他们具有专业理论方面的优势，能够精准地把握学科知识的本质内涵。导师中既有道德教育方面的专家，也有思政教材的主编。他们深谙思政学科教学法，与中小学校保持着密切沟通，对基础教育一线教育工作者的现实困惑有深入的了解与研究，能够有效指导研修对象的专业成长。理论型导师主要承担制订教师个性化培养方案、理论培养、前沿问题专题指导、课题研究指导、研究课指导、论文写作指导和工作总结等职责。

实践型导师由上海市知名特级教师、市区级骨干教师、市区级学科带头人等组成。他们往往乐于学习，长于总结和善于表达，具有前沿的教育教学思想和创新思维，并且积累了成功的教育教学改革经验。在实践研修中，实践型导师全程参加行动研究，跟进指导，发现问题，根据需要适时为教师提供相应的理论指导和帮助，从而推动基地研修工作的具体落实及基地研究的持续发展。实践型导师主要承担向教师展示教学示范课、对教师进行个性化指导（包含听教师常态课、研究课、指导教师完成知识结构梳理和实践指导）等职责。

二、为教师凝练研修成果提供全方位支持

学科德育实训基地通过"课前设计、课中观察、课后讲评、完课反思、互助凝练、领域展示"的过程，解决教学真问题，鼓励教师总结进阶过程中的教学设计、教学反思等内容，并在导师指导下撰写教学论文。这既总结了教研经验，也提升了教师的科研能力。基地每年都举

办研修成果展示论坛。通过不同地区的中小学校长与教师的交流，激励了参训教师进行教学研究的意愿，同时也在交流中拓宽了教师的研究视野，有利于其进一步完善教学科研。同时，基地将每期研修的教学设计、读书报告、课题研究报告汇编出版，如出版了《心灵宝鉴——初中道德与法治课故事选》和《浸润·求索·成长——上海市初中道德与法治学科德育基地教师作业选》。此外，基地的教研成果《魅力德育：教师魅力塑造与学生品德培养》《魅力德育：初中思政课教师的使命与思维创新》《魅力德育：道德与法治课教师研修与素养提高》《走进学生的心灵——小学德育课程评价实践之旅》《〈道德与法治〉一课一教——基于学科核心素养的单元教学设计》（六、七、八、九年级）等先后出版。成果的提炼与出版能够引导教师认真参与实训，既是对实训结果的展示与辐射，激发了教师的内驱力，达成共识，奔赴目标，也是对教师的一个鞭策和指引，引导教师用心参与学习、精心开展教学设计、用心撰写读书报告，不断进行课堂教学反思，致力于学生德育意识和育德能力提升。比如，有的教师反馈在参编"一课一教"的过程中，感受到大师们严谨的治学态度和超前的科研意识，深感自己还有较大差距，同时也看到同伴们的进取精神和快速成长。基地还组织了上海市道德与法治数字化教学资源库建设，立项并实施了"指向核心素养的道德与法治学业评价研究"市级课题，指导多位教师执教的课程获得教育部、上海市"一师一优课"活动"优课"。总之，基地积极为教师的研修成果凝练提供平台和机会。

三、以制度化方式安排教师研修时间

合理的时间安排是实训基地开展各项工作的必要前提。只有拥有充足的时间保障，学科德育实训基地的各项活动才能得以正常开展，基地实现引领课程改革、促进教师专业发展、辐射周边地区效应才得以可能。然而，现实困境是实训基地的成员多为学校的骨干教师、学科带头人、学科组长，教学及行政工作负担沉重，使得其分身乏术[①]。不仅如此，实训基地的成员所在地域分散，往往来自不同的学校和不同地区，没有相对固定的时间保障。实训基地的成员往往不是不想学

---

① 胡艳.影响我国当前中小学教师研修质量的因素分析［J］.教师教育研究，2004（6）：18–22+12.

习,而是感觉到时间和精力有限,心有余而力不足。为此,基地首先从制度上来保障实训基地成员参与教学反思、课题研究、实践交流的时间。如规定基地学习以周末为主,同时注重合理性与灵活性有机整合,保障实训基地成员自身专业发展所需要的时间。此外,实训基地尽量减少不必要的行政会议和常规工作,适当减少基地成员的工作量,为实训基地成员的专业发展提供必要的时间保障,确保其有更充裕的时间投入持续的学习当中。

四、建立完善的研修基地管理制度

作为上海市德育实训基地之一,基地不仅受上海市学生德育发展中心的统一组织与管理,同时也获得徐汇区教育行政部门和教育学院的支持。负责人所在单位高度重视,为实训基地提供工作建议、活动场所、技术支持等,是实训基地开展工作、圆满完成实训任务的重要保障条件。因此,基地在市、区两级教育行政部门的指导下,建立和完善了相关工作管理制度,制订了基地工作计划和教师培养计划,为提高实训效果、促进教师专业发展共同助力。实训基地通过严格遵守财务制度、科学制定预算合理利用上海市教委和徐汇区教育局给予的配套资金,提高经费使用效益;采用开源节流的方式,多渠道筹措实训基地的经费来源,建立透明化财务使用制度,提高财务的监管力度,将经费主要用于研修活动、课程资源开发、课题项目研究、成果示范推广等方面。

五、架构交流平台促进研修成果对外辐射

基地积极与其他学校、区县,乃至外省市交流,建立协同创新、共建共享机制,积极分享基地教师的优质研修成果。基地教师探索了具有学科特色、育人功能落实的有效评价方法,形成了具有典型意义的学科育人的优质课,如"海上名师坊""中小学国家智慧平台试点应用""上海市初中道德与法治'研训一体'资源中心"等。利用德育实训基地微信公众号将这些优质成果公开发布。"梦想启航""研修之路""书丛撷英""理论前沿""他山之石""导师风采"等丰富的板块和大量高品质的内容,既充分展示了基地实训活动与团队成长轨迹,也为思政课教师专业发展提供了很好的参考资料。

基地积极承担或参加市级决策咨询类课题研究,将基地的研修成果转化为政府部门决策咨询成果。例如,基地开展了上海市学科德育重点项目"初中道德与法治学科德育远程研训项目建设"研究,着力打造远程研训特色,承担了全市道德与法治课程资源库建设;与上海市学生德育发展中心、上海市电化教育馆联合组织学科资源包征集活动,搜集了来自17个区县的69个资源包;组织高校教师与基地教师联合开展面向学科骨干教师的"道德""心理""法律""国情""实践"5门研训微课程,为上海市学科资源库建设作出一定贡献。基地还利用国家平台在全国范围内辐射优秀的研修成果。例如,2020年1月9日,中央电教馆名师教研共同体的名师团队远程培训正式启动。通过全景教研平台,基地向甘肃、新疆、云南、西藏、内蒙古、安徽等省区同步直播教学示范课并开展线上互动,共计开展了12次异步教研、12次同步教研、10次在线教学示范,形成全国性的名师共同体。

本章小结

教育是国之大计、党之大计;强国必先强教,强教必先强师,建设一支高质量德育教师队伍是落实立德树人根本任务的重要基础。学科德育实训基地秉承对学生发展负责的原则,以塑造学生喜欢的思政课教师为主要目标,在广泛调研学生对思政课教师的需求和思政课教师自我专业发展需求基础上,科学设计研修课程,整合多种实训载体,设计多种实训方式,包括营造现场对话环境,助推思政课教师专业发展;搭建网络共享平台,协助思政课教师互相学习;建立专家引领机制,协助教师树立先进理念;创设结对研修氛围,发挥专业共同体力量等。

同时,将组建水平高、来源广的导师队伍,为教师凝练研修成果提供全方位支持,以制度化方式安排教师研修时间,建立完善的研修基地管理制度,架构交流平台促进研修成果对外辐射等,建设了多元保障机制。在业务、品行、政治、形象和视野等维度,让教师开展了卓有成效的研修,并发挥其在区域内的辐射和带动作用,不断推动一批教师的专业成长。

名师研修共同体和一般的研修共同体的不同点在于,它是由名师引领的。因为是名师,具有良好的思想道德水平和专业理论修养,因此更能发挥学高为师、身正为范的榜样引领作用;因为是名师,具有丰富的学科教育教学实践经验和厚实的理论根基,就能更加充分地发挥其对教师的专业指导作用;因为是名师,可以给学员提供更高更多的专业发展平台,促使学员在高平台上得到优质的专业发展。

实践研究发现,名师研修共同体采取以下 4 个运行机制可以有效促进教师的专业发展:一是个性化培养机制,即名师研修共同体在促进群体发展的同时,促进教师的专业发展走向个性化。因为除了讲座以外,很多实践课程和活动都指向教师自身原来欠缺和优势的地方,"补低"和"拔高"同时进行。二是自主性发展机制,即名师研修共同体在研修过程中能够提升教师的自我规划和自我发展的意识和能力。三是研究性研修机制,即名师研修共同体可以引导教师从经验型教师走向研究型教师,引发研究和教学之间的互相促进、互相生成,提升教师的研究意愿和教学意愿。

第六章

成效分析

本章探索名师研修共同体的实践成效,主要通过教学课例、作品分析及教师口述内容进行论证,并基于上述内容的整理与梳理,进一步对名师研修共同体的实践成效进行分析,对中学思政课教师的专业发展进行总结并得出结论。

第一节　道德与法治课例分析

一、体现教学方式优化的课例

（一）背景

X 教师是 H 德育实训基地的第三期教师。2020 年 1 月 2 日,他在基地主持人 H 教师和华东师大 M 教授的指导下,执教了一节六年级下册的"增强生命的韧性"市级研讨课。本堂研讨课是中日生命教育教学交流研讨会暨上海市第四期"双名工程"高峰计划思政项目研讨会,主题是"增强生命意识,追求生命价值"。M 教授建议 X 教师尝试用"一课一例"的方式进行深度学习,以帮助学生攻克学习重难点。在案例的选择上,经过大家的头脑风暴,最后决定选择"感动中国"人物孟佩杰的事例。

（二）做法

在初稿设计时,X 教师发现孟佩杰的事例本身非常典型,但与学生的生活有一定距离,而且案例非常特殊,容易使学生内心充满感动,但是如果要把这份感动迁移到自己身上,化为自己克服困难的动力还是存在一定难度。另外,能够搜集到的相关素材中,适合在课堂上播放的是"感动中国"颁奖典礼中的视频片段,但该视频较长,不可能完整使用。另外,教材中的"增强生命的韧性"一课主题鲜明,但如何让学生在课堂上讲真话,而不是配合着说一些套话,需要用新的活动设计来实现。因此,一开始的教学设计思考重点在如何让学生感同身受,如何让学生融入情境中,如何激发出学生面对挫折的勇气。于是该教师设计了以下几个环节。

新课导入直奔主题,从"我和她（孟佩杰）不一样的 8 岁"开始,点明"生命的韧性,生命的潜能无法想象"。活动一,通过观看视频片段1,学生小组讨论:面对这样的家庭变故,她的养父是怎样做的,采用了什么方式? 8岁的女孩,面对瘫痪在床的妈妈,离家出走的父亲,她将面临哪些困难? 由此展现孟佩杰面临着生活上的、经济上的、学习上的、心理上的各种困难,突出这对于8岁的小女孩来说是人生中极大的挫折。活动二,请学生讨论:如果你是孟佩杰,你是否可以战胜这些困难? 能战胜困难的同学,你会如何战胜困难? 不能战胜困难的同学,你觉得她遇到的哪些具体问题是你没办法克服的,为什么? 通过角色代入,透过学生的观点交流,呈现学生面对挫折的不同选择,分享克服挫折的经验。活动三,播放视频片段2,呈现孟佩杰的选择,并开展小组讨论:你觉得她为什么没有离开妈妈? 与孟佩杰一样,她的养母也遭受过巨大的打击。从视频中,养母自述有过自杀的行为,你是否赞成养母在面对挫折时做的选择? 孟佩杰是如何克服这些困难与挫折的? 通过交流、分析,学生感受到孟佩杰用自己的坚强与乐观照亮了自己的生命,用勇敢、坚持、爱温暖了妈妈,支撑起了妈妈生存的信心,用她的孝心感动了全中国,温暖照亮了更多人! 最后布置作业:请针对自己最近面临的困难与矛盾,运用今天所学的知识,制订一个适合自己的克服困难的方案,并落实到实际生活中,真正克服这个困难。

(三)转变

初稿设计完成后,X教师自认为符合两位导师的预期,结果导师给她"浇了一盆冷水"。听了第一次试讲,导师们给X教师指出了不足。如:未基于学生立场设计教学,学生对孟佩杰所面临的困难感知不足;在角色代入环节,学生不能换位思考,故而回答流于表面;作为一堂思政课,思政课的导向性不足,也没有课堂评价的手段来测评学生的学习效果、发生的变化;学生讨论很多,但是导向深度思考的发言有点缺乏;等等。导师们指出,只有让学生充分认识孟佩杰所面临的巨大困难,才会在得知她的选择后,对她肃然起敬,才会引发对生命韧性的深度思考。M导师还建议:在学生作出选择的时候,增加一个"贴姓名牌"的环节,先呈现大家的选择,再进行原因的分享与交流。"贴姓名牌"的活动要求每位学生都参与进来,必须作出自己的选择,成为一种显性的课堂学习评价。思政课作为显性德育课程,教师要学会把自己的真实意图隐藏起来，运用启发的方式，一步步引导学生走向深度学习。培养学科核心素养，不要被素材框死，要合理利用素材，同时也要学会跳出素材，站在更高的角度去思考。作为一名思政课教师，要关注、激发学生的情绪、情感，要与学生共情，帮助学生与孟佩杰共情。

在导师的悉心指导下，X 老师重整旗鼓，再次投入教学设计的修改中。这一次，她更关注学生的真实感受，学着站在学生的角度去思考：面对挫折，学生到底欠缺什么？学生从孟佩杰的案例中，能感悟、学习到哪些生命的力量？如何知道学生的思想发生了转变？如何把课堂上的这份感动，化为学生自身成长的生命力量？经过对这些问题的深入思考，又经过了两轮的修改、试讲，最终呈现了一个不仅能感动学生，还能让学生从中汲取生命力量的教学设计。

这个教学设计主要从三个环节进行，一步步引导学生走向深度学习。

1. 欲扬先抑，从认清挫折的难度开始

正所谓：蝉噪林愈静，鸟鸣山更幽。只有充分认识到挫折的难度之大，才能为后续克服挫折的行动赢得由衷的敬佩。课堂一开始，X 教师就直奔主题呈现孟佩杰所面对的残酷现实，请学生根据自己的生活经验讨论她面临的困境。学生们积极讨论、发言踊跃，细数孟佩杰将面临的经济、生活、学习、身心等各方面的困难。正当学生认为已经全面了解了她所面对的困难时，X 教师又进一步补充了两则材料。一是，孟佩杰的家乡隰县是山西省 35 个国家级贫困县之一。年人均纯收入低于400 元是国家级贫困县评判标准。二是瘫痪病人的部分护理要求。两则材料犹如两颗"原子弹"，一下"炸"醒了学生，他们对孟佩杰所面临的难度有了一个更清晰的认识，为后续的学习打下了基础。

2. 透过选择，投射面对挫折的真实态度

为了解学生面对挫折的真实反映，X 教师设计了两个可能摆在孟佩杰面前的选择：一是不离不弃，艰难生活；二是去福利院，温饱不愁。让学生对此作出选择，并说明理由。学生纷纷表达自己的观点，不少学生支持孟佩杰去福利院。在表达立场，阐明观点的互相辩论中，学生的思辨力得到锻炼，在不同观点的交流与碰撞中，对问题有了更深入、更全面的认识，也了解到不同的声音和看法，在同伴教育中提高了思辨力。虽然有不少学生支持孟佩杰对养母"不离不弃，艰难生活"的选择，但是各种巨大的挑战和困难实实在在摆在面前。凭借 8 岁的小小身躯能否战胜这些困难,学生的心里是没有底气的。当 X 教师呈现孟佩杰的选择,从学着认菜、买菜开始,到操持家务、照顾养母,并兼顾学习。孟佩杰用实际行动刷新了学生们对潜能的认识。同时,通过对孟佩杰具有的可贵品质的分析,学生清晰地看到勇敢、有毅力、坚强、乐观、开朗、吃苦耐劳、爱动脑等品质。孟佩杰的生命之路虽然充满坎坷,但她的生命韧性顽强,熠熠生辉。前后的强烈对比,学生顿时对孟佩杰肃然起敬,被她深深感动,感动之情溢于言表。

3. 从榜样中汲取能量,在反思中勇敢前行

　　X 教师认为,学生学习了榜样人物的故事后会产生感动,但这种一时的感动只有转化为内省的力量,才会真正在内心扎根,才会在思想上和行动上皆有所改变。于是,她设计了一个"时光回转"的环节:"生活中,你一定也遇到过挫折或困难,现在的你想对当时的自己说些什么?"学生陷入沉思,站在现在的时间点回头看曾经受挫折困扰的自己,有了孟佩杰榜样示范在前,学生明显更有底气和信心。一位学生对在三年级时放弃学习游泳的自己说:"不应该放弃,应该要坚持一下,一定可以学会的。"一位学生对在参加科技节比赛第一轮就落选的自己说:"现在的你一定很沮丧吧,但是不用害怕,人生都有失败,继续努力吧!加油!"学生将从孟佩杰身上获得的感动和对生命韧性的认识,转化为自身生命的力量,从挫折中成长起来,看待问题更加成熟,对生命的认识更加深刻,从而勇敢前行。最后通过作业——"我的挫折解决方案",将课堂所学导向学生的行动,落实在生活中。

　　研讨课取得了预期的效果。在专家点评环节,日本 Z 教授对本堂课进行了充分的肯定。他认为初中关于挫折的教育是全世界都在讨论的话题,非常有意义;同时也建议进一步引导学生从社会的角度来考虑如何建立帮助困境中的人应对挫折的支持系统。M 教授认为,道德与法治课堂应当倡导"一课一例"的模式,挖掘一个事例,给学生展现一个真实复杂的情境,让学生从多种角度思考问题,从而做出更周全而明智的选择,才能更好地帮助学生日后步入更复杂的社会解决更复杂的问题。X 老师的这节课是对"一课一例"的成功尝试,达到促进学生深度思考、深度学习的效果。上海市 S 专家对本节课表示充分认可。他指出,这节课在道德与法治课中做到了教学合一,从问题入手,注重学生的生活经验;同时,希望让学生多走出课堂,真正做

到知行合一；最后，提出了教师要严格要求自己，成为学生学习榜样的要求。

专家们高屋建瓴的评价再一次启发了教师们对挫折教育的思考。人生的道路上会遇到很多挫折，孟佩杰坚强的意志力固然是宝贵的品质，值得我们学习，但社会救助、国家帮扶同样也是我们面对挫折可以采取的自救措施，发掘自身的力量不排斥借助外力。对学生来说，坚持正确的道路，学会与他人建立联系，向他人寻求帮助，获得他人的支持和鼓励，有助于增强学生的生命力量。如果在教学中让学生了解"社会救助"的可行性，是否可以拓宽学生的思路，更符合实际，同时也突出了国家对未成年人的特殊保护？这与习近平总书记提出的"大思政"理念不谋而合，国家、社会、家庭、学校等社会各界共同汇聚起全社会育人合力，让学生感受到祖国对他们的特殊关爱，进一步激发学生的爱国情、报国志、强国行。

（四）成效

从第一稿到最终稿的教学设计，虽然孟佩杰的案例没有改变，但是 X 教师明显感受到了自我的成长，以及对生命对挫折的重新认识。在备课时要更贴近学生，素材的选择和应用更加灵活，在设计中学会了埋伏笔，更为重要的是形成了"以终为始"的设计理念，用评价指导教学设计。

经过这一次尝试，X 教师学会了"一课一例"的教学设计和情境创设，并认识到这种教学对于促进学生深度学习的效果，她将效果总结成 3 点。

一是有利于激起学习的积极性和好奇心，增强课程的亲和力。真实的情境，特别是一些社会热点案例，对学生非常有吸引力，学生讨论积极。而且运用所学知识，解决真实生活中的问题，能给予学生莫大的成就感，学习积极性倍增。

二是有利于培养学生的思辨思维，增强课程的思想性。通过对案例剖析的问题设计，特别是"两难问题""开放式问题"等综合问题的设计，在学生经历过分析、综合、评价、创新、元认知等思维能力的发展后，怀疑精神、批判性思维和创新能力得到培养，并逐步走向深度学习。

三是有利于对学习重难点突破，增强课程的针对性。虽然仅有一个案例，但是通过对案例的抽丝剥茧、层层深入的分析，通过学生间思维的碰撞和道理的辩驳，"透过现象，追溯本质"，用马克思主义哲学观进行探究，更容易达到教学设计的核心和目标，突破学习的重难点。

二、体现教学能力提升的课例

（一）背景

Y教师是H德育实训基地的第三期教师。在基地培训学习的3年多时间里，她对每周四的基地活动都充满期待。因为在她看来，那一天既是基地实训的时间，也是她"充电"学习、增加能量的一天。在基地的培训中，让她印象深刻且获益最大的应该是展示课的历练过程。她被基地导师选为庆祝建党100周年思政课一体化教学展示活动的授课教师。

教学设计要求以《道德与法治》教材八年级上册《勇担社会责任》中"中国共产主义青年团"为主要内容，结合建党100周年学党史、强信念、跟党走的要求，探讨与小学《道德与法治》教材一年级下册"我们都是少先队员"教学内容的衔接，体现小学、初中思政课一体化教学的特色。教学设计希望能整合单元教学内容，运用上海红色场馆资源，贴近学生，融合党史学习教育，增强学生热爱党、永远跟党走的坚定信念。

这堂课不仅要紧扣建党100周年的主题，还要体现大中小思政课一体化的理念，更要展示基地3年来的教学成效，所以从选择教学内容、确定教学年级上要有整体考虑。在导师的启发下，她先对初中道德与法治四个年级的教学内容做了梳理，把与党建有关的内容整理出来，以便于针对小学阶段的展示课内容完成初中阶段的教学内容的选择。在首次进行教学设计研讨的时候，小学阶段选择了"红领巾心向党"的主题。针对这一主题，最终研讨决定以八年级"服务社会"的内容为主体，以"共青团"的内容为导入，衔接小学教学，课题为"中国少年学党史跟党走——少年当自强"。

从初稿到终稿，虽然大致内容一样，但是经过导师的指导，改变了教学方式，优化了教学内容，提升了教学能力，呈现出了完全不同的效果。

（二）做法

在初稿中，Y 教师主要设计了 1 个实践活动和 4 个教学环节。

第一个环节渲染气氛，以共青团的团歌作为导入。从复习团的知识入手到欣赏视频《渔阳里，青年团从这里出发》，接着让学生交流分享实践活动——参观渔阳里的感想和参观过程中了解到的感人故事，说明共青团是中国共产党的助手和后备军。

第二个环节是讲述中国共产党人的故事，引发思考。她选择了《少年红军》的资料，以文字加照片的形式介绍了 8 位少年红军的事迹，提出思考：年少的他们为什么选择参加红军？接着讲述了湘江战役中，陈树湘师长断肠明志的故事，提出思考：陈树湘师长的故事带给你哪些感动？接着 Y 教师继续讲述雷锋的故事，引导学生思考：你认为新时代还需要发扬雷锋精神吗？通过几则故事的讲述以及对故事的思考，教师说明革命战争中的中国共产党人不畏牺牲，将自己的命运和国家的命运紧密结合在一起；建设时期的中国共产党人也不断地践行着党的宗旨。最后以如表 6-1 的形式完成归纳小结。

表 6-1　归纳小结样表

人物	时间	立志	实践道路	具备的精神素养

第三个环节是学习资料，感受"无愧盛赞的中国青年"精神。教师提供"抗疫中的'90 后'""抗洪一线的'00 后'""最美逆行者消防战士马洪魁""中印边界冲突中的戍边英雄"4 则阅读材料，引导学生思考：为什么他们是无愧盛赞的中国青年？完成上述表 6-1 的填写。结合表 6-1 中所填内容设问：① 他们的选择有什么不同，又有什么共同点？ ② 这些青年的选择对国家有什么影响？ ③ 新时代，我们肩上有着怎样的使命？最后教师提供材料：近年来越来越多的中国青年走向联合国。请学生结合整堂课的内容，说一说将来如果让你和这些中国青年一样，有机会为国家发展出力，有机会参与某国际组织并发挥作用，那么从现在起，你要做哪些方面的准备？通过学生联系自身实际，反馈所学内容。

最后一个环节：课堂小结，经典诵读引发情感共鸣。通过《恰同学少年》片段——《少年中国说》的播放，让学生与视频一起朗读经典，实现学生情感共鸣，提升认同度。

拓展练习为根据实际情况，完成表6-2。

表6-2　拓展练习样表

个人梦与中国梦，少年强则中国强	
方向	填写内容
未来，我想为祖国尽力的领域	
现在，我可以从这些方面努力	

初稿完成以后，Y教师自我感觉良好。基地安排W导师予以一对一的指导，没想到，W导师指出了初稿中存在的主要问题：一堂课中使用的材料过多、过杂，聚焦价值观培育不够。

尽管有些舍不得，但是她还是根据专家的意见，在原有的基础上进行了修改完善，删除了花了很多时间找到的材料，并对共产党人的精神及青年的使命担当进行了设计，更加突出学科能力的培养。经历了说课、试讲、研讨修改、再试讲、再研讨修改等一系列过程后，呈现出了焕然一新的最终稿"学党史、跟党走——中国少年的责任担当"。

（三）转变

一是注重研究主题的明晰性。Y教师经过研究，导入环节取消了团歌的欣赏，直接提问学生："在义务教育阶段有两个我们自己的组织，你们知道是哪两个吗？"既承接了小学的学习内容，又引出了本课的内容，呈现中小学一体化教学的意图。接着教师继续引导：对于共青团大家了解多少呢？由学生根据已有知识介绍团旗、团徽、团歌及共青团组织的性质，从而使活动设计不求形式，而是围绕教学研究的主题，追求实效性。

二是注重学习材料的典型化。在环节三"向革命英烈致敬"板块，

Y 教师将原来的多个故事缩减成了具有代表性、可读性更高、感染性更强的一个故事"断肠明志——师长陈树湘"。通过故事，教师引导学生思考：是怎样的力量与信念支撑着年仅 29 岁的陈树湘用这样的方式结束自己的生命？教师引用了习近平总书记多次讲述的"陈树湘断肠明志的壮烈故事"，强调我们要把先辈们用鲜血和生命铸就的优良传统一代代传下去。教学中避免了故事的多与杂，突出学习材料的典型性。

三是注重学习方式的思辨性。环节五"当代青年的担当和责任"的教学设计，Y 老师在播放视频《致敬！战"疫"中的青年脸庞》后，一改自己讲述的方式，变为让学生回答"最让你印象深刻的是哪一位，他／她的哪一点打动了你？""你还了解哪些青年的行为令我们感动与自豪？"两个问题。因为视频短小精练、内容丰富且联系学生的生活，所以他们对视频内容的复述很准确，同时也能根据时政新闻以及自己对社会的了解，讲述很多优秀青年的故事，比如戍边英雄、救火英雄、扶贫青年、北斗团队等。教师进一步引导思考：这些青年有什么共同点？从而指出他们以国家利益为重、爱岗敬业、勇担社会责任、不言代价与回报、无怨无悔，用自己的实际行动践行着服务社会、奉献社会的青春誓言。在这个过程中，Y 老师非常注重培养学生们的思辨能力，以思激情。

（四）成效

基地的指引让教师的教学能力有了很大的提高。Y 教师说，在备课、"磨课"的过程中，她被导师们的敬业、专注、专业所深深折服，感悟到成功与成绩从来不是从天而降、轻易获得的，而是需要具有工匠精神，脚踏实地走好每一步，学海无涯苦作舟。她感谢基地给予高起点的平台、高质量的培训，让她获得更多机会和更多历练。因此，如今的她，不仅以优秀导师为榜样，努力"做一名学生喜欢的教师"，而且在教学能力方面有了如下提升。

一是更加关注单元教学设计与一体化设计。基地研修期间，教师们完成了"一课一教"的教学设计编写，让 Y 教师对于教学有了一个新的认识：一课时的教学不是孤立的，而是要放在整个单元的视域中去设计。所以在上一节课之前，她学会了先对单元有一个整体的认识与梳理，把握好本课时在单元中的地位与作用，精准设计，上好每一堂课。

另外她还认识到：在大中小学思政课一体化研究的背景下，每个学段的课不能孤立起来，初中教师也要了解小学已经学过什么、高中将要学些什么、初中怎样做好衔接教育。所以，她在设计课的时候时常会从学情方面考虑学生的实际学习需求和学习基础，使自己的教学设计更加符合学生的认知水平与学习需求。

二是更加注重初中思政课学科核心素养培育。思政课作为落实立德树人根本任务的关键课程，在学科德育实施方面，对学生育德意识和育德能力有着更高的要求。通过基地的培训，Y 教师在教学中更加注重学生活动的设计，尤其结合本学科的要求和特点，设计好社会实践活动，让学生能够通过实践体验在做中学。同时，在教学中也更加注重学生的参与度，让学生的主体地位得到更充分体现，尽量减少教师的灌输式话语，提升引导学生学习的水平。

三是更加注重"以终为始"的教学评价设计与实施。在基地的学习培训过程中，由于 Y 老师参加了 H 老师的第四期"双名工程"高峰项目"指向核心素养的初中道德与法治课学习评价研究"，在课题研究的过程中，她认识到学习评价在整个教学中的作用。有了评价，就能为教学闭环画上完整的一笔。因此在教学中，她会特别注重对学生课堂学习的评价以及作业评价的设计研究，努力将评价有效地融入教学过程，较好地实现教、学、评的一致性。

四是更加坚信"做学生喜爱的教师"的教育信念。Y 教师感慨地说道："在我教学成长的过程中，非常有幸遇到了那么多优秀的导师。他们不遗余力地扶持着我们，指引着我们，无论从教学、工作还是生活上都是我们的领路人与指明灯。我会用自己的成长来回报导师们的付出！"

第二节　文本作品分析

一、分析对象的选择

因质性研究方法的特性，本研究使用非概率抽样中的目的性抽样，尽可能地抽取能为研究问题提供最大信息量的样本。本研究根据基地教师的身份、教学风格、培训表现等为依据进行抽样。样本量为15 位 H 基地三期教师的教案文本。研究对象的教学单位和教学课程标题的信息如表 6-3 所示。

表 6-3 研究对象信息

第一期教师	第二期教师	第三期教师
GYJ 教师 上海市民立中学,"增强公民意识 承担公民责任"	KWJ 教师 华东师范大学第四附属中学,"生活富裕 不忘俭朴"	LB 教师 上海市西南位育中学,"这就是中国——从疫情防控看中国担当""没有一个春天不会到来——优化情绪管理,理性乐观抗疫"
LWQ 教师 上海市新会中学,"热爱科学 崇尚科学精神"	WB 教师 上海市致远中学,"磨砺意志做自己的主人(一)"	ZH 教师 上海外国语大学松江外国语学校,"诚实,从来没有如此强烈地冲击着我们的心灵——悟诚之重要,抗疫之必要"
YHW 教师 上海市紫竹园中学,"认识自己 确立自尊"	ZP 教师 上海实验学校附属东滩学校,"磨砺意志,做自己的主人(二)"	XHH 教师 上海市紫阳中学,"自由诚可贵,行使有界线——抗疫中的中国,初中生法治意识培育"
WXY 教师 上海市北虹初级中学,"严格遵守交通法规"	SHF 教师 上海市莘松中学春申校区"现代家庭生活的管理"	XWD 教师 中国科学院上海实验学校,"口罩不离口,病毒远离我——为什么要佩戴口罩?"
XJ 教师 上海市田林中学,"集体生活需要合作"	ZQ 教师 上海市位育初级中学,"走科教兴国之路"	TW 教师 上海市南洋模范初级中学,"同舟共济,共待春暖花开时"

二、分析内容、过程和方法

(一)分析内容

本研究采用的编码是通过对两所初级中学以及两所高级中学共353 名学生进行"你们喜欢和不喜欢的初中道德与法治课教师的特点"的开放式问卷调查得出的。根据调查结果,我们编码得出三级指标,并根据三级指标编制了访谈提纲,具体如表6-4所示。

表6-4　访谈提纲

一级指标	访谈问题
政治强	习近平总书记讲思政课教师首先政治要强,您觉得对思政课教师而言,讲政治最主要体现在什么方面?
业务精	(1)您对应试教育的看法是怎样的?通过培训,您认为在教学中应采取什么样的方法来避免应试教育?您在培训前后理念是否有变化? (2)在课堂管理方面,您认为难处理的问题有哪些?在培训结束后,您是否有效解决了这些问题?您是如何解决的?您是依据什么培训内容解决的? (3)培训对您现在的教学有哪些影响? (4)现在教育很强调以学生为本,您是如何理解这一点的?在思政课中又是如何落实这一点的?
性格好	(1)您认为在与学生的相处中,教师关键的性格和品行有哪些? (2)哪些性格和品行是您在培训结束后才认识到的? (3)请结合您经历的具体教学情景,谈谈您对教师性格和品行的理解。
品行正	(1)您是如何看待学生课堂上扰乱秩序的行为?面对该情景时,您的心态如何?您在培训前后的解决方式是否有变化? (2)培训前后,您是如何看待班级中的"学困生"的?面对"学困生",您是怎么做的? (3)您遇到或听说过表里不一,即在学校、社会及家里表现判若两人的思政课教师吗?对这样的思政课教师,您怎么评价?
形象美	有魅力的教师不只是学生期望、家长期望,也是教师自己的追求,其中形象美、气质佳是一个重要方面。在名师基地培训中,是否涉及相关培训内容?如果有,这些培训对您的教师职业形象塑造是否有帮助或启发?
视野宽	作为名师基地教师,工作外的生活也是值得令人关注的。培训后,您有没有新增活动来丰富生活?能否与我们分享一下? 培训后,您认为理论知识与实践对您的专业发展是否有提升作用?能否从理论与实践两个方面分享一下您的心得?

（续表）

一级指标	访谈问题
评价性问题	您在培训中经历过哪些内容？最深刻的是什么？最大的收获是什么？哪些需要改进？还希望哪些方面的培训？培训中您是如何表现的，遇到过什么问题？ 您对名师研修共同体的培训内容有哪些建议？

（二）分析过程

首先，通读研究对象的文本材料，仔细琢磨其中的意义、关联、主次。然后，把有意义的词、短语、句子或段落标示出来（二级编码，开放式登录）；根据一级编码之间的关系重新组合（二级编码，关联式登录）；对二级关联再进行抽象归类，形成更高阶的概念（三级编码，核心式登录）。

例如，在第一期 GYJ 教师所撰写的教案中，我们发现了他在多个环节使用了多媒体课件。首先根据其意义在观测点一栏中寻找与其相近的观测点，属于"课件和板书优秀"，据此进行开放式登录，归类为"学科授课能力（1）"；接着进行关联式登录和核心式登录，将这一材料分别归类于二级指标中的"专业能力和基础能力（1）"和一级指标中的"业务精（1）"中；最后在表格中登录其页码"32"，并在原文处标注"111"。根据对所有研究对象各项指标的统计，得出最终的表格。

（三）分析方法

为了更全面和真实地收集教师在基地培训后的效果，本研究参考了格拉斯和斯特劳斯的扎根理论，并采用了文本分析法，即在真实情境下通过对资料进行整体性探究，分析原始材料并采用归纳法形成结论。具体来讲，主要通过教师撰写的教案，依据之前通过问卷调查得出的优秀教师的特点进行整理分类，反映出教师们的教学设计能力，并在此基础上形成可以进一步了解和验证的访谈问题，两者可以相互补充和校验，从而保证研究的效度和信度。

三、结果和讨论

最终完成对 15 位研究对象的教案进行文本分析，并在表格中登

记。由于原始资料数量非常大,所以选择了部分资料在表格中呈现,表格名称意义具体如下:

　　原始资料(部分):摘录符合相关观测点的部分原始资料。

　　观测点:原始资料(部分)一栏所对应的观测点,全部观测点见表1,即调查问卷结果。

　　材料来源:全部原始资料的来源页码。主要有《魅力德育——教师魅力塑造与学生品德培养》《魅力德育——思想品德教师研修与素养提升》《魅力德育——初中思政课教师的使命与思维创新》3本书。

　　开放式编码:即表1的三级指标。

　　关联式编码:即表1的二级指标。

　　核心编码:即表1的一级指标。

　　参考点:各编码统计的材料出现的次数。

(一)个案分析

　　通过对基地15位教师的教案进行一一分析,呈现出每一位教师在基地3年研修之后,在6个素养方面的发展状态。

1. GYJ老师的作品分析

表6-5　作品分析

原始资料(部分)	观测点	材料来源(页)	开放式编码	参考点	关联式编码	参考点	核心编码	参考点
多媒体显示:公民及中国公民	课件和板书优秀	32	学科授课能力(1)	1	专业能力和基础能力(1)	2	业务精(1)	11
小调查:同学们有微博吗?有没有注意到"上海发布"的粉丝数量?	能和学生交流	32	师生沟通能力(4)	1				

（续表）

原始资料（部分）	观测点	材料来源（页）	开放式编码	参考点	关联式编码	参考点	核心编码	参考点
话题讨论：我向总理微建言	方法灵活（会联系实际、举例子）	32、33、34	教学方法（3）	7	教学内容和方法（3）	9	业务精（1）	11
（新课导入）讲述三岁半的女儿办理身份证的过程								
党的十八大报告的内容	了解时政	32、33	教学内容（6）	2				
"上海发布"报道黄浦江上游大量漂浮死猪的事件	上课内容充实							
通过班级讨论，在今后的学习生活中，你将用怎样的实际行动证明你是一个有社会责任意识的中学生、上海市民、中国公民？	政治站位高	33					政治强（4）	1

如表6-5所示，通过对 GYJ 教师的教案分析，发现该教师在业务精和政治强上都有所体现。具体如下：第一，业务较为突出，有 11 个

参考点。(1)专业能力和基础能力有 2 个参考点,其中学科授课能力有 1 个参考点,体现为课件和板书优秀。由于通过多媒体展示,课堂更加活泼生动了。另外,师生沟通能力有 1 个参考点,表现为善于联系实际,并与学生沟通,了解学生的兴趣爱好。(2)教学内容和方法有 9 个参考点,其中教学方法比较突出,有 7 个参考点,主要表现为教学方法灵活多变,善于用讲故事、举例子、讨论等方式加强与学生的沟通。教学内容有 2 个参考点,主要表现为该教师善于将时事政治和热点加入课堂,在增强政治性的同时也丰富了教学内容。第二,政治强有 1 个参考点,表现为该教师善于引导学生形成公民意识,引导学生关心社会,表现为政治站位高。

2. LWQ 老师的作品分析

表 6-6　作品分析

原始资料 (部分)	观测点	材料来源(页)	开放式编码	参考点	关联式编码	参考点	核心编码	参考点
我国具备基本科学素养的公民的比例还不高,有待共同努力	阅历丰富	48、49、50	学科授课能力(1)	3	专业能力和基础能力(1)	4	业务精(1)	13
问题辨析:有同学说,科学技术的发展是科学家的事,是国家的事,与我们青少年没有关系。请谈谈你对此的看法	辩证思维	48	思维思辨能力(7)	1				
学生讨论:发表对上述现象的认识,共同分析;阅读教材,填写学案	良性互动多	48、49	教学方法(3)	5	教学内容和方法(3)	9		

（续表）

原始资料（部分）	观测点	材料来源(页)	开放式编码	参考点	关联式编码	参考点	核心编码	参考点
案例讨论："明日科技之星"	方法灵活、良性互动多	48、49	教学方法（3）	5	教学内容和方法（3）	9	业务精（1）	13
添加多个案例，如挪威数学家阿贝尔的故事	上课内容充实	48、49	教学内容（6）	4				
教师讲解《中华人民共和国宪法》第二十四条，阐发爱科学是我国公民应有的公德	政治站位高	48					政治强（4）	1

　　如表 6-6 所示，通过对 LWQ 老师的教案分析，发现该教师在业务精和政治强上都有所体现，具体如下：第一，业务较为突出，有 13 个参考点。（1）专业能力和基础能力有 4 个参考点，其中学科授课能力有 3 个参考点，体现为课件和板书优秀和阅历丰富，一方面通过多媒体展示图片和视频，增加课堂趣味；另一方面，该教师了解学生和学科相关的知识和现象，授课中扩大了学生的知识窗。思维思辨能力有 1 个参考点，表现为教师善于用思辨的问题锻炼学生，使其从各个视角看待事件。（2）教学内容和方法有 9 个参考点。其中教学方法比较突出，有 5 个参考点，主要表现为善于采用讨论和案例讲解。一方面凸显了生生互动和师生互动的特色，有助于营造良好的课堂氛围；另一方面，案例的补充增添了内容的丰富性和生动性。教学内容有 4 个参考点，主要表现为该教师善于添加相关案例和故事，丰富了教学内容。第二，政治强有 1 个参考点，教师通过补充相关法律法规，树立学生正确的法治观念，倡导正确的价值观，表现出教师知法、懂法，政治站位高的特点。

3. YHW 老师的作品分析

表 6-7　作品分析

原始资料（部分）	观测点	材料来源(页)	开放式编码	参考点	关联式编码	参考点	核心编码	参考点
师：这些优点中有部分来自我们的经历。比如：某同学记性好，每次背书都是第一个完成；有的同学有爱心……	实践经验丰富	61、62、63	学科授课能力（1）	6	专业能力和基础能力（1）	7	业务精（1）	16
（设计意图）结束本课的同时，与导入首尾呼应	逻辑思维	65	思维思辨能力（7）	1				
在环节"说一说"中，师：徐华来找俞老师咨询，你会怎么跟他说呢？	良性互动多	61、62、63、64、65	教学方法（3）	9	教学内容和方法（3）	9		
填写"我的宝藏"活动，发掘学生的长处	方法灵活							
展示多个生活的真实情境，让学生完成句子。如班主任教师当着全班同学的面批评我时，我会觉得……	方法灵活（联系实际）							

（续表）

原始资料（部分）	观测点	材料来源(页)	开放式编码	参考点	关联式编码	参考点	核心编码	参考点
（设计意图）使学生情感上得到升华，由培养个人的自尊心上升到维护民族自尊和维护国家尊严	政治站位高	65					政治强（4）	1

如表6-7所示，通过分析YHW老师的教案，发现该教师在业务精和政治强上均有体现，具体如下：第一，业务较为突出，有16个参考点。（1）专业能力和基础能力有7个参考点。其中，学科授课能力有6个参考点，体现为课件及板书优秀，实践经验丰富。一方面通过多媒体展示图片和视频，增加课堂趣味，板书也使得教学内容更加清晰；另一方面，该教师善于积累，根据经验分析学生，制定了合适的教学环节。思维思辨能力有1个参考点，表现为教师所授内容首尾呼应，逻辑清晰。（2）教学内容和方法有9个参考点，均来自教学方法。该教师善于联系生活实际创造特色教学方法，比如讨论互动、趣味填空、交流讲解，从而营造良好的课堂氛围，使人印象深刻。第二，政治强有1个参考点，教师通过讲解故事，使学生的情感得到升华，将个人自尊心上升到民族和国家层面，表现出教师政治站位高。

4. WXY老师的作品分析

表6-8　作品分析

原始资料（部分）	观测点	材料来源（页）	开放式编码	参考点	关联式编码	参考点	核心编码	参考点
视频展示：近年来全国和上海交通事故发生的情况	课件和板书优秀	78	学科授课能力（1）	2	专业能力和基础能力（1）	2	业务精（1）	11

（续表）

原始资料（部分）	观测点	材料来源（页）	开放式编码	参考点	关联式编码	参考点	核心编码	参考点
（布置作业）课后调查：学生日常生活中存在哪些违反交通法规的行为？	作业适量	78	学科授课能力（1）	2	专业能力和基础能力（1）	2	业务精（1）	11
考一考：本市无违章、无事故道路交通安全宣传日是哪一天？	良性互动多	76、77、78	教学方法（3）	7	教学内容和方法(3)	9		
归纳：只要我们严格遵守交通法律法规，我们的交通安全就会有保障	剖析重点，善于总结							
出示一则时政资料：2011年11月16日甘肃省的校车事故	了解时政，上课内容充实	76、77	教学内容（6）	2				
根据印发资料分组学习法律条文								

　　如表 6-8 所示，通过对 WXY 老师的教案分析，发现该教师仅在业务精上有所体现，有 11 个参考点。第一，专业能力和基础能力有 2 个参考点，均来自学科授课能力，主要表现为课件和板书优秀和作业适量，教案中采用视频的方式进行展示，生动而有吸引力。在课后布

置了适量的作业，通过调查了解日常生活中存在的违反交通法规的行为，贴合实际，任务适量。第二，教学方法和内容有 9 个参考点。其中，教学方法有 7 个参考点，主要体现为该教师采取灵活的提问如"考一考"引发学生思考，增强良性互动。最后教师总结，理顺学生思路，并善于组织小组交流，培养学生的团队合作精神，提高学生发现问题和分析解决问题的能力。教学内容有 2 个参考点，主要是增加了时政资料和相关法律作为教学补充，丰富内容。

5. XJ 老师的作品分析

表 6-9　作品分析

原始资料（部分）	观测点	材料来源（页）	开放式编码	参考点	关联式编码	参考点	核心编码	参考点
多处采用多媒体显示教学内容	课件和板书优秀	88、89	学科授课能力（1）	3	专业能力和基础能力（1）	3	业务精（1）	16
设置情境：小小分析师	方法灵活	88、89	教学方法（3）	9	教学内容和方法（3）	13		
引入了运动会多个场景	上课内容充实	88、89	教学内容（6）	4				
教师归纳：学会合作是一个人承担责任的表现	正能量	39					政治强（4）	1

如表 6-9 所示，通过对 XJ 老师的教案分析，发现该教师在业务精和政治强上均有体现，具体如下：第一，业务精较为突出，有 16 个参考点。（1）专业能力和基础能力有 3 个参考点，均来自学科授课能力，体现为课件和板书优秀，多处采用多媒体展示文字、图片等，使得课堂内容丰富、清晰和生动。（2）教学内容和方法有 13 个参考点。其中，教学方法比较突出，有 9 个参考点，主要表现为教学方法上灵活多变，如构

建情境、举例子、良性互动、分组活动等。在学生活动的基础上，教师进行必要的归纳。另外，教学内容也有 4 个参考点，主要表现为该教师善于将日常的校园生活加入教学内容，使内容充实有趣。第二，政治强有 1 个参考点，表现为教师倡导学生要勇于担当责任。

6. KWJ 老师的作品分析

表 6-10　作品分析

原始资料（部分）	观测点	材料来源（页）	开放式编码	参考点	关联式编码	参考点	核心编码	参考点
本课训练作业设计包括课内作业和课外作业，作业以任务单的方式呈现	作业适量	17	学科授课能力（1）	1	专业能力和基础能力（1）	2	业务精（1）	9
拓展"奢侈"含义	发散思维	17	思维思辨能力（7）	1				
出示现代家庭生活照片、播放学生采访长辈的录像	方法灵活	17	教学方法（3）	5	教学内容和方法（3）	7		
视频：白芳礼事迹	上课内容充实	17	教学内容（6）	2				

如表 6-10 所示，通过对 KWJ 老师的教案分析，发现该教师仅在业务精上有体现，有 9 个参考点：第一，专业能力和基础能力有 2 个参考点。其中，学科授课能力有 1 个参考点，体现为作业适量，别出心裁，联系生活实际做"家庭节电计划"，既符合课程要求，也有实用性。思维思辨能力有 1 个参考点，体现为教师的发散思维，通过拓展"奢侈"含义，让学生深入了解俭朴生活的意义。第二，教学内容和方法有 7 个参考点，其中教学方法有 5 个参考点，主要采用照片、视频、讨论等多种方式，比较灵活；教学内容有 2 个参考点，体现为教案加入了相关的案例和故事，丰富了课堂内容。

7. WB 老师的作品分析

表 6-11 作品分析

原始资料 （部分）	观测点	材料来源 （页）	开放式编码	参考点	关联式编码	参考点	核心编码	参考点
板书设计	课件和板书优秀	21、22	学科授课能力（1）	4	专业能力和基础能力（1）	4	业务精（1）	7
组织小组交流，引导小结	方法灵活、善于总结	21	教学方法(3)	3	教学内容和方法(3)	3		

如表 6-11 所示，通过对 WB 老师的教案分析，发现该教师仅在业务精上有所体现，有 7 个参考点：第一，专业能力和基础能力有 4 个参考点，均来自学科授课能力，主要表现为课件和板书优秀，教案设计了视频、板书的展示方式，灵活且重点突出，同时在课后布置了适量的作业。另外，该教师教学有方，善于发现学生的问题，根据实际情况引导解决。第二，教学方法和内容有 3 个参考点，均来自教学方法，主要体现为该教师采取灵活的提问方式引发学生思考，善于组织小组交流，并引导小结，培养了学生的团队合作精神，提高了学生发现、分析、解决问题的能力。

8. ZP 老师的作品分析

表 6-12 作品分析

原始资料 （部分）	观测点	材料来源 （页）	开放式编码	参考点	关联式编码	参考点	核心编码	参考点
出示学习目标，引导学生自学本课	授课有条理	26、27	学科授课能力（1）	4	专业能力和基础能力（1）	5	业务精（1）	10

（续表）

原始资料 （部分）	观测点	材料来源 （页）	开放式编码	参考点	关联式编码	参考点	核心编码	参考点
师：意志是不是天生的？可不可以等我们长大了再磨砺我们的意志？	辩证思维	26	思维思辨能力（7）	1	专业能力和基础能力（1）	5	业务精（1）	10
（导入）同学们还记得《为学》一文吗？为什么"僧富者不能至而贫者至焉？"	方法灵活	26、27	教学方法（3）	5	教学内容和方法（3）	5		
教师小结：二僧的差异，也是众"生"的困惑……中国梦、青春梦，意志在，终圆梦！	正能量	27					政治强（4）	2

如表 6-12 所示，通过对 ZP 老师的教案分析，发现该教师在业务精和政治强上都有所体现，具体如下：第一，业务精较为突出，共有 10 个参考点。（1）专业能力和基础能力有 5 个参考点。其中，学科授课能力有 4 个参考点，具体体现为该教师能出示学习目标，引导学生自学本课，按照目标进行教授，条理清楚，逐个突破；通过学生已学内容《为学》作为新课导入，利用学生耳熟能详的故事，突出意志的重要性；同时还联系了语文课的内容，便于学生回顾知识，在此基础上再展开学习。在思维思辨能力上有 1 个参考点，通过提问展现其辩证思维，让学生在正反思考中懂得意志不是与生俱来的。（2）教学内容和方法有 5 个参考点，均来自教学方法，体现为新课导入和课中提问方式灵活，增强了师生互动；同时小组讨论也能让学生从真实生活入手，发现自己意志的欠缺和不足，引导学生磨砺意志。第二，在政治强上有 2 个参考点，表现为教师在语言上引导学生通过自身思考判断得出争取的价值观和人生观，传递了正能量，提醒学生要积极向上，勇于磨砺自己。

9. SHF 老师的作品分析

表 6–13　作品分析

原始资料（部分）	观测点	材料来源（页）	开放式编码	参考点	关联式编码	参考点	核心编码	参考点
活动二的设计意图：通过对部分学生不合理使用压岁钱或零用钱的心理分析，帮助学生认识到无论是从众心理、虚荣心理都是不可取的……	教学有方	40、41	学科授课能力（1）	2	专业能力和基础能力（1）	2	业务精（1）	14
说一说家庭理财主要涉及哪些方面？	良性互动多	39、40、41	教学方法（3）	9	教学内容和方法(3)	12		
"上海好邻居救火英雄王海滨"的事迹报道	上课内容充实	39、40	教学内容（6）	3				
一旦养成了（不合理使用压岁钱的）习惯……对青少年个人的成长、家庭、社会都极其不利	正能量	40					政治强（4）	1

　　如表 6-13 所示，通过对 SHF 老师的教案分析，发现该教师在业务精和政治强上都有所体现，具体如下：第一，业务精较为突出，共有 14 个参考点。（1）专业能力和基础能力有 2 个参考点，均来自学科授课能力，具体体现为该教师教学有方，能根据学生的心理制定合理的教学方法和内容；在作业布置上较为合理，从生活实际出发，发现家

庭生活中不安全的因素并提供整改办法。（2）教学内容和方法有 12 个参考点。其中，教学方法有 9 个参考点，主要以灵活的课堂提问、教师与学生的良性互动、举例子、善于总结等方法为主，增强了课堂的互动性；教学内容有 3 个参考点，体现为内容充实，用典型案例增加理解，用当下热门的词汇丰富学生的见识。第二，在政治强上有 1 个参考点，表现为教师在语言上引导学生要审视自己的财富观，养成健康的心理，杜绝虚荣。

10. ZQ 老师的作品分析

表 6-14   作品分析

原始资料（部分）	观测点	材料来源（页）	开放式编码	参考点	关联式编码	参考点	核心编码	参考点
学生分组介绍我国科教兴国战略的相关内容	教学有方	75、76、79	学科授课能力（1）	5	专业能力和基础能力（1）	5	业务精（1）	12
教师点评：实施科教兴国战略切实带来了国家的发展和变化……	善于总结	76、77、79	教学方法（3）	5	教学内容和方法(3)	7	业务精（1）	12
（资料显示）：邓小平说："一个十几亿人口的大国……"	上课内容充实	75、78	教学内容（6）	2				
教师点评：我们有这样的信心，中国一定能够在 2020 年进入创新型国家行列	爱国	78、79					政治强（4）	2

如表 6-14 所示,通过对 ZQ 老师的教案分析,反映该教师在业务精和政治强上都有所体现,具体如下:第一,业务精较为突出,有 12 个参考点。(1)专业能力和基础能力有 5 个参考点,均来自学科授课能力,体现为该教师教学有方、课件和板书优秀;根据学生心理设计教学环节和内容,并采取多媒体生动演示;最后布置了作业"奇思妙想",通过观察日常的生活物品,设计新的功能。(2)教学内容和方法有 7 个参考点。其中,教学方法有 5 个参考点,体现为教师善于总结,组织学生开展小组学习,并通过良性互动增强教学氛围。教学内容有 2 个参考点,穿插了大量的时政内容,丰富了课堂。第二,政治强有 2 个参考点,表现为教师对国家创新事业的关注和热爱,对国家有信心,同时传递积极向上的正能量。

11. LB 老师的作品分析

表 6-15　作品分析

原始资料（部分）	观测点	材料来源（页）	开放式编码	参考点	关联式编码	参考点	核心编码	参考点
多处采用 PPT+ 视频 + 画外音的呈现方式	课件和板书优秀	11、12、13、111、112	学科授课能力（1）	11	专业能力和基础能力（1）	11	业务精（1）	18
思考:这么短的时间建造两个医院,举世震惊,我们为什么能创造这样的惊人速度?	良性互动多	11、12、111	教学方法（3）	5	教学内容和方法（3）	7		
材料一:1 月 25 日,习近平主席在中共中央政治局常委上强调…… 材料二:建造火神山、雷神山新闻报道	了解时政	11、12	教学内容（6）	2				

（续表）

原始资料 （部分）	观测点	材料来源 （页）	开放式编码	参考点	关联式编码	参考点	核心编码	参考点
在2020年全面建成小康社会的收官之年……体现了我们国家的执政理念，诠释了我们的大国担当	爱国、爱党、爱人民	11、12、111、112					政治强（4）	5

如表6-15所示，通过对 LB 老师两份教案的分析，发现该教师在业务精和政治强上都有所体现。具体如下：第一，业务精较为突出，有18个参考点。（1）专业能力和基础能力有11个参考点，均来自学科授课能力，主要体现为课件和板书优秀和博学多智，用多媒体演示各种文字、图片、视频，使教学更加直观；在恰当的地方引用诗词，体现出教师的文学素养；布置作业较适量，形式新颖。（2）教学内容和方法有7个参考点。其中，教学方法有5个参考点，体现为教师善于提出问题和学生进行良性互动，并在交流后总结，还通过举例子、讲故事，联系实际来教学。教学内容有2个参考点，主要是引用时事政治热点事件，扩充教学内容，与当下实际情况进行联系；组织学生开展小组学习，并通过良性互动增强教学氛围；穿插了大量的时政内容，丰富了课堂。第二，政治强有5个参考点。教师多次引导学生爱国爱党，积极传播正能量，理性乐观面对疫情。

12. ZH 老师的作品分析

表6-16　作品分析

原始资料 （部分）	观测点	材料来源 （页）	开放式编码	参考点	关联式编码	参考点	核心编码	参考点
多处采用 PPT+ 画外音的呈现方式	课件和板书优秀	43、44、45	学科授课能力（1）	5	专业能力和基础能力（1）	5	业务精（1）	10

（续表）

原始资料（部分）	观测点	材料来源（页）	开放式编码	参考点	关联式编码	参考点	核心编码	参考点
总结：相信诚实就是负责的品格已经开始在你的心灵深处生根发芽！	善于总结	44、45	教学方法（3）	4	教学内容和方法（3）	5	业务精（1）	10
引入案例"河北——隐瞒病情者失去最佳治疗机会去世，77名密切接触者已隔离"	上课内容充实	44	教学内容（6）	1				
疫情当前，诚实就是对自己负责，对家人负责，对国家负责！	政治站位高	44					政治强（4）	1

如表6-16所示，通过对ZH老师的教案分析，发现该教师在业务精和政治强上都有所体现。具体如下：第一，业务精较为突出，有10个参考点。（1）专业能力和基础能力有5个参考点，均来自学科授课能力主要体现为课件和板书优秀和作业布置适量，用多媒体演示各种文字、图片、视频，教学更加直观；在课后延伸中，通过阅读相关书籍和关注时事新闻培养学生素养，布置作业适量。（2）教学内容和方法有5个参考点。其中，教学方法有4个参考点，体现为教师善于提出问题和学生进行良性互动，并在交流后多总结。教学内容有1个参考点，主要是在教学中加入典型的反面案例，通过阅读案例进行自我思考，了解不诚实的危害。第二，政治强有1个参考点，通过总结和语言引导，督促学生养成诚实的品格，严格遵循国家的相关政策，政治觉悟高。

13. XHH 老师的作品分析

表 6-17   作品分析

原始资料（部分）	观测点	材料来源(页)	开放式编码	参考点	关联式编码	参考点	核心编码	参考点
作业布置：举一项自己享受的自由权利的例子，并列出需要相应遵守的规则	作业适量	64、66	学科授课能力（1）	5	专业能力和基础能力（1）	6	业务精（1）	11
你同意梁某妍的说法吗？个人自由是不受任何限制的吗？	辩证思维	64	思维思辨能力（7）	1	专业能力和基础能力（1）	6		
正如卢梭在《社会契约论》中所说……	方法灵活（举例子）	64、65、66	教学方法（3）	3	教学内容和方法（3）	5	业务精（1）	11
了解《突发公共卫生事件应急条例》	了解时政	64、66	教学内容（6）	2				
自由与边界不可分，也是人们享有自由的保障	正能量	66					政治强（4）	2

如表 6-17 所示，通过对 XHH 老师的教案分析，发现该教师在业务精和政治强上都有所体现，具体如下：第一，业务精较为突出，有 11 个参考点。（1）专业能力和基础能力有 6 个参考点，学科授课能力有 5 个参考点，主要体现为课件和板书优秀和作业布置适量，在多媒体上展示各种案例和主要内容，激发学生的学习兴趣；在课后延伸中，通过联系生活实际，让学生列举享受的权利和对应的规则。（2）教学内容和方法有 5 个参考点，其中教学方法有 3 个参考点，表现为举例子、

提问题，并和学生进行良性互动，总结归纳。教学内容有 2 个参考点，列举了相关的案例，了解时事政治，引导学生懂得特殊时期"限制自由"的必要性。第二，政治强有 2 个参考点，通过引用名言和总结，引导学生增强依法行使自由的意识。在合适的地方鼓励学生们理性看待疫情，并推荐一些居家运动方式，注重对身体的保护，充满正能量，传播积极情绪。

14. XWD 老师的作品分析

表 6-18　作品分析

原始资料（部分）	观测点	材料来源（页）	开放式编码	参考点	关联式编码	参考点	核心编码	参考点
作业布置：告诉家人正确佩戴口罩的方式，并拍照、视频记录下来	作业适量	82、83	学科授课能力（1）	4	专业能力和基础能力（1）	4	业务精（1）	9
问：有人认为，戴不戴口罩是个人自由，你是如何看的？	良性互动多	82	教学方法（3）	1	教学内容和方法（3）	5		
了解《上海市人大常委会关于全力做好当前新型冠状病毒感染肺炎疫情防控工作的决定》	了解时政	82、83	教学内容（6）	4				
要战胜此次疫情，还离不开医务人员……同心协力，共克时艰	正能量	82					政治强（4）	3

如表 6-18 所示，通过对 XWD 老师的教案分析，发现该教师在业务精和政治强上都有所体现，具体如下：第一，业务精较为突出，有 9 个参考点。（1）专业能力和基础能力有 4 个参考点，均来自学科授课能力，体现为课件和板书优秀和作业布置适量。教师通过 PPT、视频、

文字材料等资料来丰富课件形式;在课后延伸方面,通过布置具有特色的作业——让学生教家人佩戴口罩的方式——来检验其学习成果,别具新意。(2)教学内容和方法有5个参考点。教学方法有1个参考点,教师通过提问增加良性互动;教学内容有4个参考点,主要是出示了多个时政材料和相关法律法规,让学生形成法律意识,同时也丰富了教学内容。第二,政治强有3个参考点,教师通过展示教学相关的法律法规,增强学生的法律意识。在讲解文字中也透露出教师对国家的信任和对医护人员、志愿者等的崇敬之情,体现了教师爱党爱国、热爱人民,关心时事,传递正能量。

15. TW 老师的作品分析

表 6-19　作品分析

原始资料（部分）	观测点	材料来源（页）	开放式编码	参考点	关联式编码	参考点	核心编码	参考点
作业布置:分享珍爱自己的生命、善待他人的事例各一则,谈谈自己的感受,在班级群里与同学们分享	作业适量	106、108、109	学科授课能力（1）	7	专业能力和基础能力（1）	7	业务精（1）	19
提问:为了疫情防控,我们的国家和政府采取了哪些措施?	良性互动多	106、107、108、109	教学方法（3）	8	教学内容和方法（3）	12		
展示国家卫健委提供的支援武汉疫情的医务人员的数据	了解时政	106、107、108	教学内容（6）	4				
寄托了人民对医护人员的感激与尊敬,我们共同期盼:唯愿岁月无恙,同享时光静好!	正能量	108					政治强（4）	1

如表 6-19 所示，通过对 TW 老师的教案分析，发现该教师在业务精和政治强上都有体现。具体如下：第一，业务精较为突出，有 19 个参考点。（1）专业能力和基础能力有 7 个参考点，均来自学科授课能力，体现为课件优秀和作业布置适量；教师将文字、图片和视频连贯起来，使得授课条理清晰而又活泼生动；另外，作业布置联系生活实际，分享感受，较适量。（2）教学内容和方法有 12 个参考点，其中，教学方法比较突出，有 8 个参考点，主要表现为教学方法灵活多变，善于用讲故事、举例子、讨论等方式加强与学生的沟通和联系，增强良性互动，营造良好的课堂氛围。另外，教学内容有 4 个参考点，主要表现为该教师善于将相关的时事政治和热点事件加入课堂，在增强政治性的同时，丰富了教学内容。第二，政治性有 1 个参考点。该教师的语言积极向上，表达了对所有为疫情付出努力的人们的敬意以及美好未来一定会到来的信心，充满了正能量。

（二）群体分析

　　针对 15 位教师的总体数据分析如下（见表 6-20）。

表 6-20　总体数据

三级指标	参考点	二级指标	参考点	一级指标	参考点
学科授课能力（1）	63	专业能力和基础能力（1）	69	业务精（1）	186
口头表达能力（2）					
师生沟通能力（4）	1				
教学管理能力（5）					
思维思辨能力（7）	5				
教学方法（3）	85	教学内容和方法（3）	117		
教学内容（6）	32				
		教学目标（5）			
				性格好（2）	

（续表）

三级指标	参考点	二级指标	参考点	一级指标	参考点
		职业道德（2）		品行正（3）	
		个人品德（4）			
				政治强（4）	21
				形象美（5）	
				兴趣广（6）	

由表6-20可以看出，调查对象所体现出的优秀教师素养的一级指标主要表现为业务精，有186个参考点；其次是政治强，有21个参考点；性格、品行、形象和兴趣则难以从教案反映出来。具体情况如下：

（1）在业务精上，专业能力和基础能力有69个参考点。主要来自学科授课能力，有63个参考点；师生沟通能力和思维思辨能力各有1个和5个参考点；口头表达能力和教学管理能力则难以反映出来。此外，教学内容和方法有117个参考点。其中，教学方法有85个参考点，教学内容有32个参考点。由于真实的教学和教案存在差异，教案不能体现出其教学目标的明确性和具体性，故此次研究无法反映教学目的是否达标。根据以上数据可以得出了以下结论：

第一，教师的学科授课能力强。首先，大部分教师在课件和板书设计上都花了很大的心思，注重和新媒体结合，大多采用"视频＋图片＋文字"进行呈现，既生动具体，也清晰明了。例如，WB老师在"磨砺意志　做自己的主人（一）"一课中就展示了简单但重点突出的板书；TW老师在"同舟共济，共待春暖花开时"一课中播放了视频《总攻方向，武汉》，突出全国抗疫的决心，体会敬畏生命的含义。其次，教师布置作业都善于联系生活实际，不局限于书面作业，采用讲故事、做调查、拍照片和家人互动等形式帮助学生巩固知识，不仅在量上不让学生感到负担，同时还增强了他们与身边人的互动，更有趣味性。除此之外，还有一些反映教师能力的材料，如YHW在"认识自

己 确立自尊"一课中，根据自己积累的学生经验进行教学，体现出该教师的实践经验丰富。

第二，教学方法灵活多变。首先，大部分教师都善于联系实际举例子、讲故事，通过具体的事件来了解比较抽象的学习内容，也能引起学生的兴趣和共鸣，比如 XHH 老师在"自由诚可贵，行使有界限——抗疫中的中国，初中生法治意识培育"一课中举了新闻实例来具体呈现。其次，教师善于利用提问展开良性互动，并通过小组讨论增强学生的合作能力。再次，大多教师都选择边讲解边总结，最后再进行大总结的方式，利于学生及时把握重点，避免走神。

第三，教案内容充实、政治性强。由于思政课的学科特性，教师们大多选择了与教学相关的时事政治、热点事件及法律法规，丰富课堂内容，增强学生的道德和法律意识，同时也会采用贴近生活的例子，以引起学生的注意。

第四，教师逻辑思维能力有待考证。一方面，我们可以从教案看出，一些教师专门设计了一些问题引导学生自己寻找答案，指导学生要一分为二地看待问题。这体现出教师的辩证思维，或者在设计时特别注意到前后逻辑，协调一致，反映出其逻辑思维。但是，由于教案有模板，无法得知教师安排教学环节的思维逻辑，而且这一能力更多体现为真实课堂上的教学能力和解答问题时的逻辑能力，建议在访谈中着重观察这方面。

（2）在政治性上，由于道德与法治课程是培养学生的道德和法律素养的一门学科，所以教师在语言表达上都会十分谨慎，善于从政治上看问题，在对一些时事热点事件剖析时保持清醒，对国家和社会充满信任，对为社会作出贡献的人给予充分的尊重和敬仰。比如 XWD 老师在"口罩不离口，病毒远离我——为什么要佩戴口罩？"一课中写道："要战胜此次疫情，还离不开医务人员……同心协力，共克时艰。"在有关个人品质的培养上，教师也积极传递正能量，比如 ZP 老师在"磨砺意志 做自己的主人（二）"一课的教师小结中写道："中国梦、青春梦，意志在，终圆梦！"

（3）性格、品行、形象和兴趣四项指标难以从本次研究中反映出来。这主要是因为教案是教师根据教学目的进行课堂的预备，是对教学内容、教学步骤、教学方法等进行的具体设计和安排的一种实用性教学文书，以上四项指标更多反映在教师的真实教学中，因此建议访谈多从这四方面出发，深入了解。

2. 分析对象关于一级指标的参考点统计

由于本次研究的统计结果只涉及两个一级指标,即"业务精""政治强",因此表6-21只对这两项指标进行分析。其余4项指标"性格好""品行正""形象美"和"兴趣广"未有反映,不具有研究的可行性。

表6-21　关于一级指标的参考点统计

分析对象	业务精 (参考点数)	政治强 (参考点数)	合计 (参考点数)	排序
LB 老师	18	5	23	1
YHW 老师	19	1	20	2
GYJ 老师	16	1	17	3
XHH 老师	16	1	17	3
SHF 老师	14	1	15	5
LWQ 老师	13	1	14	6
ZQ 老师	12	2	14	6
TW 老师	11	2	13	8
XJ 老师	11	1	12	9
ZP 老师	10	2	12	9
XWD 老师	9	3	12	9
WXY 老师	11		11	12
ZH 老师	10	1	11	12
KWJ 老师	9		9	14
WB 老师	7		7	15
合计	186	21	207	

由表6-21可知,所有教师的业务情况均有明显的数据体现,说明研究群体总体的教学能力是值得肯定的。大部分教师在政治上也有表现,主要是通过语言激励和法律条文的介绍看出来的。建议访谈可以重点考查本研究难以观察的4个方面,即品行、形象、兴趣和性格,对业务和政治,可以根据教师具体数据进行印证和深入调查。

具体来讲,居首位的LB老师有23个参考点。一方面是该教师的教案较多,本研究选取了其两个教案,故参考点会增多;另一方面也显示出该教师业务能力强,政治觉悟高,在 15 位教师中居首位。第二位的 YHW 老师有 20 个参考点。其"业务精"的参考点最多,有 19 个,说明该教师教学有方,业务能力过关,访谈可以重点考查该教师的教学理念和实践。

3. 分析对象关于二级、三级指标的参考点统计

根据数据统计,一级指标中只有"业务精"的数据具有研究可行性,故下面只对其下属的二级指标"专业能力和基础能力"和"教学内容和方法"进行分析。

（1）关于"专业能力和基础能力"指标的参考点统计

表 6-22　参考点统计

分析对象	三级指标			二级指标	排序
	学科授课能力（参考点数）	师生沟通能力（参考点数）	思维思辨能力（参考点数）	专业能力和基础能力（参考点数）	
LB 老师	11			11	1
YHW 老师	6		1	7	2
TW 老师	7			7	3
XHH 老师	5		1	6	4
ZP 老师	4		1	5	5
ZQ 老师	5			5	5
ZH 老师	5			5	5
LWQ 老师	3		1	4	8
WB 老师	4			4	8
XWD 老师	4			4	8
XJ 老师	3			3	11
GYJ 老师	1	1		2	12
WXY 老师	2			2	12
KWJ 老师	1		1	2	12
SHF 老师	2			2	12
合计	63	1	5	69	

由表 6-22 可知，所有教师均在二级指标"专业能力和基础能力"上有所表现。其中，较突出的是 LB 老师和 YHW 老师，分别有 11 个和 7 个参考点。同时也发现 SHF 老师、KWJ 老师、WXY 老师、GYJ 老师等教师在"专业能力和基础能力"上的欠缺。

　　在三级指标中，所有研究对象均在"学科授课能力"上有反映，最突出的是 LB 老师，其次是 YHW 老师、TW 老师；"师生沟通能力"仅在 GYJ 老师的教案中有反映，主要是因为教案的问题设计大多和教学目标有关，属于教学方法，师生沟通能力更多反映在真实教学活动中，建议访谈可以从教师经历中了解；"思维思辨能力"仅有部分教师有所反映，且都只有一两个参考点。

（2）关于"教学内容和方法"指标的参考点统计

表 6-23　参考点统计

分析对象	三级指标		二级指标	排序
	教学方法（参考点数）	教学内容（参考点数）	教学内容和方法（参考点数）	
XJ 老师	9	4	13	1
SHF 老师	9	3	12	2
TW 老师	8	4	12	2
GYJ 老师	7	2	9	4
LWQ 老师	5	4	9	4
YHW 老师	9		9	4
WXY 老师	7	2	9	4
KWJ 老师	5	2	7	8
ZQ 老师	5	2	7	8
LB 老师	5	2	7	8
ZP 老师	5		5	11
ZH 老师	4	1	5	11
XHH 老师	3	2	5	11
XWD 老师	1	4	5	11
WB 老师	3		3	15
合计	85	32	117	

由表 6-23 可知,所有教师均在二级指标"教学内容和方法"上有所表现,XJ 老师、SHF 老师、TW 老师的参考点较多,分别有 13、12、12 个,且都是教学方法多于教学内容。同时也发现 WB 老师、XWD 老师、XHH 老师、ZH 老师、ZP 老师等部分教师在"教学内容和方法"上的不足,这为个别化指导提供了依据。

在三级指标上,XJ 老师、SHF 老师、YHW 老师在"教学方法"上表现更突出,均有 9 个参考点,说明这 3 位教师在教学方法运用上更加灵活,可以在访谈中具体了解。在"教学内容"上,大部分教师都有所反映,其中 XJ 老师、TW 老师、LWQ 老师和 XWD 老师表现较好,均为 4 个参考点,教案内容较丰富;而 ZP 老师和 WB 老师的教学内容显得较单薄,访谈可以从这一方面深入了解。

第三节　教师访谈分析

中学思政课教师是否获得专业发展、获得哪些方面的发展等问题是本研究重点探讨的问题。本研究期望以质性研究的方式探究经由名师基地培训后的中学思政课教师专业发展成效。

一、访谈对象

本文采用随机的抽样方式进行研究对象的选择,在此基础上确定了 12 位初中道德与法治学科教师作为正式的访谈对象。这 12 位教师在年龄、性别等方面均具有一定的异质性(见表 6-24)。

表 6-24　人口统计学数据

特征	研究对象特征分布情况
性别	男性 3 人,女性 9 人
访谈方式	半结构化深度访谈

二、访谈内容与过程

本研究主要以半结构式访谈获取访谈资料,每位教师的访谈时长约为 90 分钟。征得访谈对象的允许,对访谈过程进行全程录音,并逐字转化成文字稿,以方便内容处理,以期探寻最真实且优质的文本内容。在对文本内容的梳理中,注重还原教师最原始的表达,尽量呈现教师的主体观点,以提高研究的信度。访谈内容主要围绕指标框架(见表 6-4)进行提问,并依据每位教师对访谈问题的回应进一步进行开放式的提问。同时,将个别教师的课例作为参考,并以指标作为验证教师专业成长的标准,在此基础上进一步分析经由基地培训后教师的专业发展成效。

三、访谈结果与分析

(一)关于 LB 老师的成效分析

毫无疑问,作为思政课教师,LB 老师显然在观念意识上具有很强的政治性。首先,他认为在道德与法治课堂上,教师必须具有坚定的政治立场,在面对学生"为反驳而反驳"的情况时,才能回答某些学生不着边际的问题,纠正一些不合时宜的观点,将合理、合法、合情的政治信仰推介给学生,力求从根本上辅正学生的三观立场,提高道德与法治课堂的实效性。

同时,LB 老师作为德育实训基地公众号的负责人,充分将这项技能应用到本职工作中,创办了属于道德与法治学科的公众号。他说:"公众号由学生自主运营,我只负责适度管理。我的意图就是让学生能发表自己的观点、了解社会现实、展示自己的平台……它主要让学生主动关注国内外的时事政治。"这也是 LB 老师在基地培训后生成的具有创新意义的教学方式,同时也丰富了学生的课后生活,对于提高学生对于时政内容的理解与思考力很有帮助。

以学生为本是 LB 老师的两大教学特点之一。针对初中生的叛逆现象,LB 老师从学生立场出发,了解学生发展阶段,体会学生学习心理,设置具有吸引力的课堂活动,力求多元化评价学生的学习成果。在 LB 老师身上,可以看到思政课教师不仅要具有很强的学科专业性,而且还要在课堂之外具有突出的生活影响力。LB 老师说:"我觉得做人要与人为善,善良是我的本心。这可能跟我们学科教学有关。我在教学中经常会换位思考,喜欢站在孩子的角度去思考。"

生活化是 LB 老师教学的另一大特点。他把自己作为教师所审视的社会与世界认知提炼出符合职业角色的规律，融入课堂教学中，并与学生所接触的生活体验进行对比，引导学生认可社会主义核心价值观。LB老师在采访中提道："我会把我在生活中的一些有趣的经历在课堂上信手拈来，跟学生分享。我上课从来不是照本宣科，因为教材只是一个案例。我是在充分了解教材的意图之后，采用跟学生聊天的方式，并结合我和学生身边的例子、我和学生经历的一些故事等，拉近教材和学生生活的距离，生动活泼地上好每一堂课。"道德与法治课的知识相对比较枯燥与深奥，贯彻生活化的教学理念，能够化解学生对教材知识的抵触，激发学生的求知欲，激发思政课堂活力，提高学生学习思政课的兴趣。

在实际教学中，LB老师也体现出很强的授课能力。在课前，LB老师认为，思政课教师要搞清楚道德与法治学科的培养目标是什么，培养目标除了培养学生应该具备的一些基本的学习能力之外，还有一个非常重要的目标——就是要培养学生的学科核心素养。

"总的来说，我们这期基地始终围绕"基于核心素养的初中道德与法治学科学习评价研究"项目开展培训。落实一个概念，即以终为始，要搞清楚我们这个学科的培养目标，就是要培养孩子的学科核心素养。除了要培养必备的品格、关键的能力之外，还有一个非常重要的目标，就是要培养孩子具有正确的价值观。所以，在培训过程中，基地会给我们请来一些学科专家，更多的是观摩和实践。我们每个培训教师都在这个过程中上课。通过基于课题研究的理论学习、参观学习和自己的亲身实践，我们以终为始，基于每一单元、每一课的核心素养，去设置一些有价值的问题，设置一些对学生来说有意义的活动，促使学生能够积极地参与课堂，获得更多的东西，从而达到教学目的。"

"我觉得这是一个综合性、系统性的工程。基于这样的目的，教师都注重提高学生的道德与法治学科核心素养，对学生进行课堂教学，设定一些课后活动、实践作业，努力提高学生各方面的素养。我们很多教师经过努力，所带的班级中考都考出了非常好的成绩。这充分说明这个做法是非常有效的。"

除此之外，LB老师在基地培训的过程中大大提高了制作微课的能力。在教育信息化推进背景下，基地紧跟社会发展的脚步，为学生设置微课，并取得了实效。LB老师也将部分优质微课应用到教学中。

"我们这一期教师是经历了线上教学的。在疫情背景下，我们基地有一个非常大的亮点，就是组织教师针对学生线上学习的特点，制作了一批非常优质的微课。我们每一位教师的微课都上了学习强国。基地主持人 H 老师还组织教师基于微课，开设思政线上教学。疫情背景下思政微课制作既是教育部的要求，也是德育处对我们的考验。如何在最短时间内制作出第一批微课，是一次机遇，也是一次考验。我们大家都没有先期经验，但是我们克服困难，以非常快的速度制作完成了 14 节'生命、责任、家国系列主题教育微课'，产生了非常好的社会反响。我负责生命教育这一块，从心理健康的角度，为学生安然度过疫情提供策略与方法，然后通过各种平台给学生播放。我在自己的教学中也用到了微课，学生的反响非常好。"

其次，教师准备的教学内容应根据年级而异，整套教材的推进是螺旋上升的过程。LB 老师将初中四年《道德与法治》教材的核心主题归纳为"修身、齐家、治国、平天下"，根据不同年级（实际上是根据学生的年龄特点和认知特点）教授内容。

"六年级就是修身，主要是学生的兴趣爱好，并安然度过青春期。七年级要学会处理好与身边的人的关系，即家庭关系，也包括身边的一些非家庭成员，就是'齐家'。八年级涉及国家社会层面，开始接触法律法规、社会秩序、公共秩序等知识，这就是'治国'。九年级主要讲国家和世界的关系，即'平天下'。"

再次，教学方法的运用在思政课堂中具有举足轻重的作用。LB 老师经常使用"从生活中举例分析"的方法。这源于他生活化的教育理念。由于"新高考"改革，道德与法治学科进入计分项目，要求过程性评价和终结性评价相结合，不同于以往的终结性评价是 LB 老师积极响应教育评价改革的方式。"不仅仅包含中考的 30 分，还有校内 30 分；校内 30 分又分成 3 个 10 分，从 3 个不同的维度去评价，包括日常的学习表现，期末考试、学业成绩，还有学科的社会实践。"

在落实过程性评价与终结性评价相结合的过程中，LB 老师采取"发奖状"的方法，"奖状是对学生在道德与法治学科上积极学习、积极参与的一个认可。这个认可有具体承载的东西，那就是奖状。学生们很喜欢！""我在基地的时候也给教师分享过，做过类似的 PPT，专门讲评价，含即时性评价、过程性评价等，我是作为发言人专门讲的。"

LB 老师对课堂的管理也体现了当代教育"严慈相济"的观念。课堂保持基本的秩序与规则是必要的，有利于保证教学的基本质量。在保证课堂秩序的情况下，LB 老师会使用"随机抽名""TOP 问答"等方式活跃课堂气氛，学生在轻松的环境下更加积极地思考、回答，大大提升了教学质量。

开明、包容是 LB 教师最大的性格特点。面对在课堂上不遵守规则的学生，LB 老师认为，"归根到底，他就是小孩。就算是初三，他也是孩子，无非就是满足他的某种心理需求，希望得到关注。这也是我们要去了解学生心理方面的一些观测点，有的时候就是要做到将心比心嘛。因为我自己也有孩子，所以很多时候我都会去想，如果我的小孩将来在学校里面犯这样的错误，我希望他的老师怎么样对他，所以我会换位思考"。

作为教师，需要有很强的职业道德与优秀的个人品德。LB 老师坚持教师与学生要保持情感联系，"教育是一颗心感染一颗心的艺术"，加强情感联系有利于促进教师对学生的价值观传递。作为学生的榜样，要发挥教师职业角色的示范作用，正如 LB 老师说的："我的灵魂有趣，我学生的灵魂也会有趣。所以我要让自己变得有趣，让学生从我身上分享到一点趣味。"作为一名思政课教师，道德与法治课的耳濡目染，同样也教育着教师不将生活中的不良情绪带进课堂，不将暴力的言语、行为施加于学生。LB 老师在采访中说："作为老师，还是要注意不要将不良语言和负面情绪带入课堂。太凶的人我也觉得可怕。"

对于教师的形象，LB 老师也有自己的见解。作为新时代的教师，不仅要修德、修心，而且对自己的外在形象也要有更高的期许。基地主持人对 LB 老师的影响也是极其深刻的。"培训过程中虽然没有专门开设教师形象、教师礼仪培训课，但是从言传身教而言，包括每次开课，H 老师都非常关注我们每个老师上台时的声态形表，会给予细节上的指导。""作为教师，就是尽量注意自己的着装。说实话，这方面是我的一个弱项。虽然是弱项，但是我现在注意了，至少已经达到基本要求，即不能不修边幅。比如出席正式场合，就该穿正式服装。学校也有学校的着装规定，作为教师不能违反学校着装的规定，如男教师不能穿拖鞋，着装要注意干净整洁等。"教师的外在形象也是教师评价的因素之一，影响着学生对教师的接受度与喜爱度，同时也能体现一个教师的审美水平，潜移默化中影响着学生的审美力。

博学多知是对教师的一贯要求。LB 老师对获取知识的渠道了解甚多，并将不断主动增加知识深度、拓宽知识广度作为自己职业的要求之一。LB 老师认为："我们说思政课教师政治要强，我不仅把它当成一个要求，还把它作为思政课教师的一个日常习惯。每天的一些重大新闻，我都会通过各种渠道去了解，如果是涉及国家大政方针的相关信息，我都会主动去了解。因为我认为，现在信息渠道很多，上网很方便，去了解一些最新的新闻报道对教学有益。"

教师发展职业外的多种爱好，有利于放松紧张神经，缓解职业疲劳，以更好的精神状态和身体状态投入教学；有利于拓宽视野并汲取知识，提炼出适合的教学经验。LB 老师也是一个"斜杠青年"，擅长摄影，负责德育基地活动的拍摄与公众号运营。除此以外，他爱好各种运动，周末也参加各种青年活动。生活的"活水"源源不断注入教师的头脑中，教师才能"取其精华"，采用合适的方法传授给学生。

德育实训基地给 LB 老师带来了很大的影响。同在基地学习的教师们相互交流经验，借鉴有效成果，取长补短，LB 老师从中受益良多，可见同伴交流对教师成长的重要性。德育基地的实训有效增强了 LB 老师的学习动机，促使他走上自主学习、提升理论水平的道路。通过积极参加活动，他紧跟思政教育理论的前沿。"虽然我自己也会看一些理论书籍，但我自己的学习动机不会如此强烈。但是有基地这样一个平台，导师与基地教师、教师之间互相学习和督促。这 3 年当中，我的教育教学理论水平的提高还是比较明显的，因为我们接触的这些教授都是教育界的专家。他们提供的理论知识都是最前沿的。除了提高我的理论水平之外，我自主学习的动机大大增强。特别是在基地期间，我积极参与每一次基地活动，从来没有遗漏过一次。因为我是负责公众号的，我缺席了，这公众号就没办法完成。另外，在基地学习过程中，我有更加主动的、更加强烈的学习动机。在这 3 年当中，除了参加基地活动外，我还积极参与社会层面的各种理论培训和学术论坛。这几年我的收获是比较多的。"

（二）关于 LWQ 老师的成效分析

LWQ 老师在访谈中对自己的职业表现出很强的身份认同感，并对胜任这份职业具有极强的自信。同时，由于强烈的身份认同，对道德与法治学科的政治性产生独到见解，他认为思政课教师需要培养学生独立思考的能力。信息社会的快速发展，使得人们每天在无意中接触很多条消息。学生若缺乏独立思考的能力，则无法真正进步与成长；思政课教师若缺乏独立思考的能力，便无法确定立场，何谈引导学生树立正确的价值观呢？所以 LWQ 老师很自信地认为自己有正确的、鲜明的政治立场，认为自己很适合做一名思政课教师。"培训前我没有做到如我今天这般的坚定的政治立场，具有如此深厚的家国情怀、宽广的国际视野。因为在基地这个平台中，我们接触到的东西很多。比如我非常清晰地记得WD教授给我们看了民国时期的政治课本，并强调说，中国非常重视政治教育，但国外并没有政治教育。我就是在基地这个平台上不断成长的，H老师让我读书明理，渐渐地，我明白了，政治认同是政治学科非常重要的核心素养。"

在教学理念方面，LWQ老师最突出的特点是以学生为本。在未经过基地培训时，其教育理念更多的是对学生提出要求；在接受培训之后，他更能从学生的视角看待学生，更愿意探索问题背后的原因。他在访谈中提及："以前我做班主任，更多的就是对学生提要求、做规矩，很少看到学生成长的背后。我觉得以前不太会去深入思考，只会跟孩子们做规矩，要求学生：这就是学校，这就是集体生活，这就是规则，你们就是要去遵守。以往我在德育方面的教学行为应该是这类比较多，但是后来就不是了，特别是从LXW教授那懂得孩子之所以是今天的模样，那是因为他以前遭遇了很多的不公平。在他幼小的时候，他遭遇到了伤害。或者说在他幼小的时候没人保护他，他只能用这种方式来保护自己。这个对我触动还是很大的。"依据学生的实际情况对学生进行有针对性的引导，更加包容学生的错误及问题，深度探求学生行为背后的原因，是笔者在听取LWQ老师的报告后的感受。教学要坚持"以学生为本"的教育理念，不能一味追求规矩的重要性，而要关注心理学理论在班级管理中的作用。

针对授课，LWQ老师特别强调基地培训中研读教材对其教学的重要性。从教师研读教材到教师与编写者共同研读教材，使其更能够理解编写者的意图，帮助其将编写者的理念更深入地付诸课堂。"在我没有加入这一个平台的时候，上海版教材主编吴铎教授、副主编李春生教授等都是我只在书上见过的知名专家。现在他们都一一出现在我的面前……后来整个上海版教材的二期课改所有的编写人员我都认识了，他们就在我们身边，他们会跟我们谈教材编写的思路。以前我研读教材，所理解的编写者的意图，并不是真正的编写者的意图。他们帮助我们纠正了以前的认识误区。"

同时LWQ老师对教学内容与教学方法是高度重视的。教学内容是学科基石，作为思政课教师，在道德与法治课堂上什么可以讲、什么不可以讲、讲哪些东西、要讲到什么程度等，都需要着重研究。除此之外，用什么方式技巧、用什么样的逻辑推理去讲述内容，也是非常重要的。"我们在跟孩子们上课时，要遵循一定的学科逻辑。如，你要让学生信服'只有社会主义才能救中国'，就需要我们结合历史背景，把历史逻辑和政治逻辑相结合……作为一个政治课老师，逻辑推理能力要非常强。"

LWQ 老师对课堂的管理相对来说比较严格。道德与法治是立德树人根本任务落实的关键课程，任课教师担任班主任时会遇到一些阻碍，所以"做规矩"显得很重要的。LWQ 老师会很明确地告诉学生他的要求。

在访谈过程中，LWQ 老师表现出性格幽默风趣的一面。在其课堂上也不乏使用幽默风趣的言语："我跟学生们讲，请你遵守宪法法律规范。不遵守，可能有一天我会在电视里看到你在栏杆里面穿着那个橙色的马甲……他们就会笑。"可见，教师幽默风趣，能减少学生对学习的抵触心理，融洽课堂氛围。

强烈的职业道德感是 LWQ 老师对教师身份认同的体现。LWQ 老师认为教师有为学生"指错、纠错"的责任："作为一个班主任兼道德与法治教师，如果永远是个'好好先生'，是教不好学生的。他短期可以看到一片和谐，但是会葬送这个孩子的一辈子。因为学校是一个试错的地方，错了他可以改正，但是他到社会上还能改正吗？没有改正的机会了，所以在学校你就要告诉他什么可以做、什么不可以做。有的孩子进入职场以后，为什么会出现那么多的问题？'好好先生'的老师是要承担一定责任的。"

当然，来自学生的反馈会给教师持续付出、担责的动力，两者形成良好的循环，促进师生双方的积极互动。LWQ 老师举了这样的一个例子："其实做老师非常非常辛苦。但是孩子们需要我去帮他们。在我低谷的时候，他们给了我价值的认可。可能在我身边的很多人不能理解：早上那么早去学校，晚上那么晚回家，图的是什么？我觉得这就是我的价值。原本连大学都考不上的学生，最后考上了好大学，从中我看到了我的价值。"高尚的职业道德必然建立在良好的个人品德之上，LWQ 老师在访谈中明确表示自己是一个正直、善良的人，不是一个虚伪的人。明确地自我认知与定位也能为其在教师工作中指明方向。

LWQ 教师对教师的外在形象塑造有自己的见解："教师第一必须是干干净净的；第二，力求好看，但必须符合教师职业规范。"既张扬个性，又能符合教师的职业形象，必定能打造一位具有审美影响力的教育者。

在德育实训基地培训中，LWQ 老师拓宽了自己的知识面，增强了学习的主动性。"在基地培训之前，我没有那么丰富的知识，哪怕那个时候我已经评上了高级职称，当时我努力的方向是如何把一节课讲'活'，如何做 PPT，最后看哪些学生喜欢我的课。我的发展得益于基地设计的"磨课"环节，让我对课程设计有了更深的体会，并且基地广邀德育界具有影响力的教授、导师，对教师的授课过程进行专业化指导，使得参与基地实训的教师的教学质量有了质的飞跃。""无论是德育还是教学，让我站在更高的一个地方去审视自己，我当时在那里得到的成长就是不停地开课。只有开课这个过程，才能真正提高我的教学能力。另外，我以前都是在那儿研究课堂的花样，后来终于明白了自己要做一个大先生，有了大学识就不用害怕你的课讲不好。"

（三）关于 ZQ 老师的成效分析

访谈过程中，ZQ 老师表现出以学生为本的教育理念。作为思政课教师，不仅要关注班级中全体学生的学习情况，而且更要关心学困生的状况，合理安排课堂节奏，让"学优生"与教师同频思考，让"学困生"能跟上教师步调。所以，ZQ 教师对安排在道德与法治课堂中的案例进行仔细斟酌，确保这些案例能让"学困生"有点思考，甚至能够发言，激发学生对道德与法治课的喜爱。

在教学目标的设置上，ZQ 老师更趋向于社会性发展的教学目的。他认为："道德与法治课教材内容也好，题目设计也好，都重在培养学生的关键能力——学生的一种思维能力，一种判断能力，一种发现问题、解决问题的能力……因为道德与法治课本身就是要塑造学生，能够更好地促使学生适应今后的社会生活。"可见，ZQ 老师很重视学生思维能力的培养，只有把握本质、提升能力，才能应对社会中千变万化的事件。在教学方法的使用上，ZH 老师积极借鉴基地中其他教师的优秀案例，并应用到自己的教育教学之中。ZH 老师认为通过基地的培训学习，公开课教学已不再成为他的难题。"教学方面的影响主要来自跨区听课。以前听课大多是区内部的课，但自从参加基地后，与许多外区的老师一起听课、研讨，大家各有千秋，各有长短，可以互相借鉴提高。所以，我觉得这种做法蛮好的，特别是在准备教学公开课时，来自各区的教师伙伴会提供很多思路。如今的我，上公开课已经没什么太大问题了，能很轻松应对了。"

教学评价是目前广受关注的方面，ZQ老师重点阐述了实时评价的效果。他认为，实时评价是检验学生学习效果更为有效的一种评价方法。"通过培训，我认识到教育评价在整个教学过程中的作用，因为当时H老师让我们每个人都要设计教学评价方案。我就重点关注日常的课堂学习评价，希望对学生课堂的学习效果进行实时点评。不管是语言点评还是数据分析反馈，一定要关注学生学习的表现、课堂学习的效率、课堂氛围的创设等，避免在课后的评价滞后。通过两年多对学生课堂学习的及时评价研究，现在我能初步把握学生核心知识掌握的程度，关键能力习得的程度、正确价值观形成的程度等。"通过课堂学习和教师的即时评价反馈，让学生看到自己对知识的了解和掌握的程度，促使他们进一步反思自己，为后续的学习查漏补缺。因为实时评价包括课堂内作业的反馈，学生如果课上有问题，教师可以直接给予指点，帮助其解决问题，进行个别辅导，这样的教学效率会更高。

课堂管理方面，ZQ老师是"实干派"，而不是"埋雷派"。作为教师，不应该在课堂内与学生针锋相对，因为这种对抗是非对抗性的，是可以化解的。作为教师——课堂的管理者，应面向全体学生，而不仅仅针对一两个学生。一旦这种情况发生，一要学会避免，二要冷静对待，三要后续跟进处置，不能把问题搁置一旁，因为问题发生之后不去解决，那就是一颗"地雷"。除此以外，要及时与学生所在班级的班主任进行沟通汇报，但注意不是告状。

谈及教师的"发火"行为，ZQ老师认为这是可以避免的，也是没有必要的。因为发火看上去是惩罚学生，实际上是在惩罚自己，是教师对自身能力不足的一种"审视后焦虑"——无法解决学生问题，也是无能力应对挑战的表现。所以，教师要从提高自身能力做起，去吸引学生积极主动地学习，而不是用惩罚的方式来逼迫学生学习。这实际上也体现出ZQ老师的职业情操。

教师的精神面貌是教师内在形象的重要方面，教师心理问题也是目前学界关注的重点问题。教师是学生的管理者、示范者、引领者，如果教师心理有问题，可能会给学生造成不利的影响，甚至导致学生出现心理健康问题。所以，教师要学会放松自己。ZQ老师说："周末，我就会把手里的工作全部停下来，给自己放空，调整休息一下，那么下周工作的时候就能全身心投入。"

显然，ZQ老师具有很宽广的知识视野。他认为，这是思政课教师应具备的一种基本素养。"作为教师，如果只会照本宣科，去读《道德与法治》教材上的内容，那么教师的职业性质会被异化、简单化。作为教师，如果缺乏对知识背景的了解，给学生讲课时就没有办法把一些观点和知识讲清楚、讲透，无法讲清楚知识之间的深层次逻辑关系。另外，作为思政课教师更应该关心政治。教师要具有国际视野，不一定要在课堂内去跟学生讲，但是了解与不了解，对于一个问题的看法、理解的深度是会有差别的。除此以外，作为道德与法治课教师，没有一定的历史视野是万万不行的，有时候，在课堂内引用历史典故，对知识点的讲解是有利的。"

除此之外，ZH 老师的科研写作能力也大大提升，在基地培训中成效显著，ZQ 老师顺利评为高级职称。"要感谢 H 老师给我们提供这样一个发表文章的平台，光有科研成果是不够的，还需要文章发表的平台。此外，基地还给我们积累了众多专业发展的科研材料，为我评职称起到很大的帮助。"

参加德育实训基地之后，ZQ 老师意识到自己之前的一些教学理念已经非常陈旧、落伍了。在聆听专家讲座之后，他对自己的教育观念与教学方法进行了一些突破与革新，实现课堂活跃度的提升。"从我2000 年开始工作，到当时 2014 年已经十几年了。作为教师，对于教材的熟悉程度已经很高，在上课的时候肯定就是按部就班的传统思维。但是参加这个基地之后，我认识到自己过去的一些教育教学理念已经非常陈旧、落伍了，已经无法把新课标的精神落实下去，对于学生课堂的引导等方面也做得不到位。应该说，参加了这样一个基地之后，H 老师请了许多专家开设讲座，让我认识到要改变教学上一些落后的传统思维和惯用做法，必须要对新课标做一个深入的了解，努力破除已有的旧思维，敢于在课堂上使用一些创新的教学方法和路径，促使已有课堂比原先的课堂氛围更加活跃，从而提高学生的参与度。"

（四）关于 ZP 老师的成效分析

ZP 老师在工作中贯彻以学生为本的教学理念。他考虑到学生现有的学习基础，了解一般学生的认知状态，然后再去设计与实施教学目标，最终落实教学目的。作为思政学科教师，在教学设计时，ZP 老师会考虑到班级的特殊性，积极了解学情。"比方说这个班级的学生，相比其他班级，学习基础差一点，或者那个班级的学生构成比较复杂，来自多个区域，每天往返于多个区。这些因素在我教学设计时，都会考虑的。"

　　从授课角度出发，ZP 老师在教学目标、教学内容、教学方法 3 个方面都表现出极强的专业性。"经过这次培训，我觉得比较大的改变是我写教案不太发怵了，尤其是上公开课就不会特别害怕。"教学目标方面，ZP 老师将其当作一盏指路明灯——"要完成一定的教学任务，教学目标就是一个明灯，就是一个指引，也是一个评价，所有教学设计的展开，要想是不是有助于完成这样的教学目标。"下一步就是考虑教学内容，作为授课者，去听一听教材编写者的声音很有必要。教材中，一个故事的呈现不是没有理由的，教师必须知晓其背后的含义，了解教材编写的主旨，才能更贴切地体会教材编纂的脉络，更加尊重并合理利用教材中原汁原味的素材。教学内容是否能真正传授给学生，要看教学方法的使用。ZP 老师把每一课的教学要点与学生生活中所能接触到的原型结合起来。ZP 老师说："比如今天要讲秩序的问题，很多学生可能会忽略秩序，那我就努力要构建起他们在自己的生活经历中身处于怎样的秩序，这个秩序对他们产生了怎样的影响的情境，以及让他们设想：如果生活在一个无序的环境下生活会变得怎样。这种感受让他们能够体验到秩序的重要性，然后让他们深入到如何遵守和维护秩序等问题的探讨中，进而激发他们对秩序的正确认知。如果后续还有一些更加深入的教学活动，可能还会引发他们对秩序的遵守以及对秩序的维护意识。"除此之外，ZP 老师还表达了在写教案时的成长。"记得当时 H 老师安排我们上竞赛课，我们得到了很多专家的支持，包括我们学科里"泰斗级"的 WD 教授，我特别感动。我的教案是他帮我修改的，我当时很忐忑。WD 教授给我写了很多建议，提出这个教案有哪些亮点，听得我心里特别舒服。因为我家在崇明，当时相隔比较远，所以我通过网络跟 WD 教授联系，请教他。他给我指明，要把三维目标放在最前面，其次要完成一定的教学任务。"经过基地培训，"以教学目标为主线"的理念指引着 ZP 老师，不仅帮助他实现了撰写教案的完善，同时提升了他教学业务上的能力，始终将"以终为始"贯彻教学目标，促使他的教学过程更为流畅。

　　在课堂管理上，ZP 老师擅长利用矛盾化解教学重难点。他表示，如果课内学生发生了特别过激的行为，教师要及时制止，课后与学生进行进一步的交流，了解学生内心的真实想法。教师要善于扮演"双面人"——课堂上要做严肃且不失幽默的授业者，课堂外要做学生贴心的倾听者。

ZP 老师也赞成在课堂上善用幽默的言语调动课堂氛围。"道德与法治课老师要很严谨,同时也可以不乏幽默,幽默不只是逗学生笑,而是让学生笑了以后悟出一些道理来,就是有时候在课堂上讲一个有趣或可笑且意味深长的小故事或小插曲。"

　　ZP 老师能看到学生成长的无限可能,还看到他们试图跨越学校与社会的藩篱。他认为,教师不能仅仅用学习、考试、纪律这些东西把学生一票否决、框定他的未来。人的成长是无限的,教师不把学生框死,但是也不能疏忽基本规则。对如何更好地关爱学生,ZP 老师有很多经验:进入学生的生活了解学生,在一定程度上是肯定他的生活;看到学生的闪光点并予以肯定;拒绝体罚。

　　"亲其师而信其道",教师的内在形象是影响学生学习的重要因素。"基地邀请了很多各方面的专家,比方说 CGH 老师给我们讲过,作为一个教师的着装有怎样的要求,如何才能更好地了解学生,落实教学,等等。基地给予了我们多方面的培养,是我们在参加培训基地之前想象不到的东西。"关于外在形象,ZP 老师认为自己在形象塑造上有很大的转变,经过培训后他意识到外在形象的重要性。"过去我觉得有点不太修边幅。那时候早上起来可能连胡子都不刮,然后匆匆去上课,因为怕迟到。但是我在基地学习以后,发现基地的很多专家包括有些教师,大家都会提到作为一个教师,形象非常重要。""尤其是思政课老师,不能非主流,整个发型可以精致一些,显得人很精神。"可见,干净整洁的外在形象能影响人的精神面貌。作为思政课教师,更要凸显其形象的重要性。

　　基地多渠道、多角度地为教师提供多重视野,拓宽教师知识面,夯实教师的教学基础,帮助教师把其他学科的知识内容融于学科课堂中,不断充实和丰富自己的知识体系。ZP 老师经常通过不同的渠道搜集广泛的知识,比如专家公众号、学习强国等。"在基地学习的时候,我记得当时教材编审 LF 老师给我们讲过,在一些公众号里,还有一些报纸杂志上,都会有一些最新时事及一种具有国际视野的观点。它们会带给我们在书本上直接去看而看不到的东西。从政治的、历史的、文化的角度去探究这个问题或矛盾的产生,会很有意思的。所以,近几年,我不单学习强国每天'刷',还会经常学习一些教育专家发布的东西。"

　　运动是大部分青年教师的共同爱好,ZP 老师也不例外——"比方说我喜欢运动。我会经常散步,一天走五六千米,有时候还做一些其他运动,如平板支撑等。我比较累的时候喜欢听听音乐、喝喝咖啡。

以前我是不喜欢运动的，但现在我乐在其中，甚至停不下来。"运动、听音乐有利于教师放松身心，排解情绪，避免教师将个人情绪带入课堂，影响教学质量。

（五）关于 XWD 老师的成效分析

作为思政课教师，XWD 老师已经将关注时事政治作为生活中的一个习惯，具有很强的职业意识。思政课教师要有自我驱动性，外部驱动不具有显著性、持续性，自动、自发地从很多渠道了解时政是思政课教师的必修课。XWD 老师表示："我习惯每天打开学习强国，看看学习强国今天推送了什么。我会浏览一下。在浏览过程中，我会发现一些我不太理解的内容，我就会继续搜集学习。会优先选择像学习强国这些官方平台。另外，我还会经常观看一些评论，等等。"不仅如此，基地培训更加关注教师时政知识的拓展，及时组织开展相关时政内容的座谈会，邀请专家与教师面对面交流，积极分享时政信息，等等。这给 XWD 老师留下深刻的印象，强化了其理想信念。"我觉得这个基地很好的一点是紧跟时代。我印象比较深的就是习近平总书记召开的思想政治理论课教师座谈会。座谈会一结束，H 老师马上就在群里面发消息，让我们先自行学习总书记重要讲话精神，之后她召集大家集中学习，帮我们请来专家，组织深入学习和研讨……我觉得这就是基地对我们育人理念的提升吧。"

XWD 老师注重以学生为本。在访谈中，她多次提到考虑学生的感受、关注"学困生"，并阐述了对以学生为本的认知。考虑到面对不同的学校、不同的班级、不同的学生，教师的教学方式、教学设计必然要随之改变。教师要转变对以学生为本的看法。过去，许多教师简单地认为以学生为本就是根据学生的情况设计教案。现在，教师需要明白以学生为本更多的是一个全方面、可持续的发展过程，不仅仅局限于一节课，更重要的是为学生的一生发展考虑。这样的一个教学观念的改变，有利于教师职业的发展。XWD 老师很注重生活化的教学理念，为响应目前的教学要求，她在课堂中增加生活化案例，多多设置生活情境，将考点融入这些生活情境中。

业务能力上，XWD 老师更注重教学设计以及同行之间的交流与沟通。在教学设计方面，基地聘请专家举办讲座，对 XWD 老师教学思维的转变起到了积极的作用。"教学设计上，我们这 3 年来比较强调的是以终为始，就是 WYL 老师一直倡导的教学评一致性的理念。我们基地组织大家编撰'一课一教'，要求教学设计时要有大单元概念。原来我们的教学就是一框一课时，局限了我们的思想。如今的教学设计需要我们有一个整体性的思维，在设计课时任务时要有大单元概念，从评价出发设计教学环节。"同时，在基地学习中 XWD 老师也积极借鉴其他教师的经验，将教学内容与情境任务有效结合，并得出要与外校教师积极交流的宝贵经验。"在基地学习中，我开阔了眼界，看到了很多好的做法和创新实践的途径，所以我很愿意学习后在自己的课堂上去尝试。之前我没有参加基地培训时，基本上是照本宣科，根据教材上一框一框的知识点传授。但现在不同了，我经常会把知识和情境结合起来，既完成了教学内容，又完成了中考复习。这是一件双赢的事情。"

在涉及课堂管理的问题时，XWD 老师表示，"要让学生对教师喜欢且有敬畏感"。在教师的课堂中，轻松活跃的氛围比较常见。在提升课堂参与度的同时，也给教师提出了很大的挑战——既要保证课堂质量，又要兼顾课堂纪律。所以，也有部分教师坚持"立规矩"，并且由于道德与法治学科在众多学科中的地位"不高"，因而学生对教师的喜爱和敬畏感也不足。因此，思政课教师应把握开学第一课这个关键期，给学生立规矩，让学生有亲近感，同时自我提升，让学生心服口服。正如 XWD 老师所说："我觉得我到班级的第一件事情不是让孩子们讨好我，而是第一时间想办法让孩子们喜欢我，对我产生一点敬畏感……有了喜欢，有了敬畏感，就会避免上课中的无序与混乱。孩子们喜欢我，就会喜欢我的课。所以，长期以来我一直坚持这样的一个理念。"

XWD 老师具有很强的职业道德感，尤其在爱岗敬业、关爱学生这两个方面。XWD 老师坚持贯彻"课堂是教师的主阵地"的原则，永远不放弃课堂，认为"没有一线经验的教师是没有发言权的"，从事教师这一职业，虽然劳累，但是自我价值的实现是给予教师幸福感的源泉。"我现在就是要求孩子每天在学校完成作业再走……我会陪伴他们，而且不仅仅是我，我动员年级组里的年轻教师们，主动承担晚托班的服务，鼓励年轻教师主动辅导孩子。"XWD 老师不仅完成了自己分内的工作，而且额外主动承担晚托班的责任，体现出爱岗敬业以及作为思政课教师自觉的政治性。XWD 老师与学生的关系也十分融洽，她关爱学生，能倾听学生，为学生解决问题；学生能将新鲜事物反馈给她，双向的互动赋予教师职业独特的幸福感。

深厚的文化底蕴是人格魅力的源泉，是内在形象的基石。XWD 老师深以为然："其实内在的人格魅力就在于积累，积累最重要的一点，就在于平时多读书……我的阅读量决定了我的人格魅力。除了专业知识，我还喜欢看各种各样的书。我经常和孩子们进行交流，孩子们觉得我这个老师怎么这么懂他们，怎么什么都懂，这就是我认为的内在的人格魅力。"同时 XWD 老师认为，外在形象也是不可忽视的，"孩子们其实很关注你，每天都在关注你的着装打扮。如果我上课心情不好，不把自己收拾好，孩子们的心情往往也会很差"。教师的外在形象影响着学生的情绪，影响着学生的审美能力，所以教师要内外兼修。不仅如此，XWD 老师认为教师的生活也时刻牵动着教师的教育工作。这是提升教师人格魅力的有效方式，也是放松自我的有效方式。这一点上基地的培训在潜移默化中影响着 XWD 老师。"要会生活，会工作，工作不是我们的全部。阅读和看电影是 H 老师每学期寒暑假布置的基地任务，然后我们会写书评、影评。教师们一起分享感悟和体会。我觉得这就是基地给予我们潜移默化的影响和教育。"

与特殊学生的对话交流是 XWD 老师阅历丰富的体现。如，某些家长由于亲子沟通不畅，无法从孩子口中了解其学习状况，这时需要教师主动沟通、据实沟通，让家长准确知晓孩子在学校的情况。XWD 老师的行为避免了家长与学校、班主任沟通时的问题，让教师与家长沟通时更加和谐。

德育实训基地给 XWD 老师带来的影响可以概括为新理念、开眼界、贴时政、传经验、会生活、共进步。新理念——结合教案，设置生活情境；开眼界——考察扬州学校教育管理建设；贴时政——紧跟政治时事；传经验——将从德育基地学到的经验传递给学校的年轻教师；会生活——增加爱好，感受生活之美；共进步——与教师同行交流借鉴。

（六）关于 WB 老师的成效分析

作为思政课教师，政治强是首位的，尤其要清楚培养什么人、为谁培养人、怎样培养人这 3 个问题。WB 老师提出了"政治强"的两个要求：第一，思政课教师理论性要强，比如要坚信马克思主义、毛泽东思想、邓小平理论；第二，思政课教师作为理论宣传者，要坚持正确的政治方向、正确的政治立场、正确的政治观点，具备较高的政治鉴别力、很强的政治敏锐性;第三,具备高尚的师德。

在教育理念方面,WB老师对以学生为本的教育理念有更深刻的理解与转变。"现在谈的育人方式变革,其实在我们基地培训的3年中早有涉及。基地要求我们走在课改前沿,给我们课改指明了方向。在"双新"背景下,我们要基于学生视角,注重学生的身心特点与认知规律,关注学生的思想问题与困惑,努力创新教学模式。教学不能满堂灌,要给予学生自主体验探究的时空,要努力落实学科核心素养,在教学目标设定、教学内容选择、教学方式方法优化等方面,一体化落实学生为本的理念。"

在授课方面,WB教师比较注重教学方法的使用。留心记录班级活动的素材,并把它运用到课堂中去。学生也会意识到教师的用心与关怀。WB老师设置了名为"实战评论"的任务来培养学生的政治思维,让学生通过实际的发现,在体验过程当中了解什么是政治。一方面教师要给学生教授知识点,另一方面在学生边讲边做的过程中引导他们。最后要有升华。从与生活相关的基本规范开始,升华到政治的高度,在教师的讲述与引领、学生的体验和感悟中提升学生的政治素养。

WB老师从自身出发反思班级纪律。作为思政课教师,立好课堂规则是管理者的职责,提升个人魅力是有效引领学生的方法。教师是学生的榜样,教师的言谈举止影响着学生的行为。

幽默风趣的教师更能与学生打成一片,促进师生间的互动交流。WB老师就是一个例子——"所以我经常跟他们开玩笑,比如,我对学生们说,有时候你们学的东西比我老师学得多,可能你们信息技术比我掌握得好,我要向你们学习。"开明、包容是思政课教师的必备品质。对待努力上进的学生,教师要多花心思,鼓励学生,引领他们成长。

WB教师经常利用碎片化的时间搜集学生的素材,利用晚上的休息时间备课,是一位爱岗敬业的教师。

关于教师形象问题,正如很多教师所说,一个人有内涵、有底蕴,自然而然会自信挺拔。WB老师认为,"教师的形象是很重要的。首先爱美之心人皆有之,中国人经常说内在美,其实外在的形象也很重要的。不要求你长得有多好看,但起码给人一种非常整齐的感觉。你早上起来,如果什么都不弄的话,你会觉得整个人一点都没精神,稍微有所修饰,就大不相同了"。

当前许多学科知识具备跨学科交融的特点,思政学科也是如此。

这就要求思政课教师博学多智，广泛涉猎心理学、社会学、数学以及历史学等专业知识，才能在应对问题时更有底气。

在德育实训基地，WB 老师收获颇多。首先是专业知识与教育理念。基地开设了许多专家讲座，让教师第一时间掌握最新的教育理念，引领教师们向专业前沿发展。其次是教学技能。虽然许多教师是专业出身，但是在实际的教学过程中无法运用学校中学到的知识。通过基地的培训，教师的教学过程更加规范。再次是基地拓宽视野。基地举办了大量的专家讲座对教师进行全方位的培养，还组织教师到晋才北校等地学习观摩，参加 2015 年全国思政学科的比赛。最后是同伴的互助。在一个优秀的集体当中，同伴对专业的热爱以及专业性，对 WB 老师来说是一种鞭策。所以 3 年来，德育实训基地给 WB 老师的影响很大。"我觉得自己在基地很大的一个收获就是拓宽了视野，大量的专家讲座知识量很大、面很广。基地培养是全方位的，比如，基地请 F 老师给我们讲了家校协同育人，请 HXY 博士给我们做了关于校园欺凌事件如何处理的专题讲座，主持人 H 老师给我们讲了教学研究的思路与框架，L 教授给我们做了关于德育的专题讲座；还组织我们去晋才北校学习观摩，晋才北校的 J 校长给我们做了生活化德育的思考与实践的讲座。这些内容真正让我们开眼界了。还有 H 老师带我们参加了 2015 年全国的思想品德学科比赛。一个星期时间，每天 8 节课，听课量非常大，观摩学习很辛苦，但是我们都觉得很值得、很受益。我们也很自豪，去了以后觉得我们上海的课上得太好了，这有赖于我们基地的培养。"

（七）关于 XHH 老师的成效分析

XHH 老师认为，思政课教师的政治性要比其他学科教师更强。教师从事思政教育的过程也是政治性逐步加强的过程。在道德与法治课堂上，对时政新闻的点评更能凸显思想性与政治性，在专家的引领下，XHH 老师更能深入地挖掘时政新闻背后的深层机制，由此拓宽了政治视野。"参加基地培训前，我初步养成了每天看新闻的习惯，但是在基地听了专家的专题讲座之后，我感觉明显不一样了，因为专家们了解的信息更多，他们的研究也更深入。这是我在基地学习时特别有强烈的感受的地方。"

谈及教学理念，XHH 老师也坚持以学生为本。XHH 老师将自己摆在与学生平等的位置上，营造师生平等的氛围，鼓励学生说出自己的想法。经过基地专家的传授，XHH 老师意识到思政课教师要知道"道德与法治课一定是让学生说真话的课"，要让学生充分地表达，给予学生充分地肯定，从而引领学生在教师的引导下走向正确的立场。对于学生的想法或问题，教师应发自内心地理解与尊重，尽量让每位学生在课堂上都有展现自己的机会。

在访谈过程中，关于教学设计与教材研读的问题，以核心素养为导向设计教学目标是 XHH 老师在经过基地培训后得出的重要经验。"习近平主席提出的大思政课的理念，基地培训时经常会说到。初中道德与法治学科如何落实学科核心素养，不仅要表现在教学的设计上，还要表现在教学理念的更新上。围绕核心素养落实组织开展基地培训，基于单元整体设计与思考，包括知识点相互之间的关联，可以加深我们对于教材内容的理解。我觉得培养学科核心素养的真正价值就在于，让学生在面对一些生活情境或困惑时，能够去辨认、去分析这些情境，不被一些繁杂的信息所迷惑，还能够抓住本质。"关于具体的授课问题，XHH 老师在教学方法上有自己的想法，一般采取的方式是先让学生们互相交流想法，然后提醒他们掌握更多的信息之后再做判断。他认为，这样的方式学生更容易接受。实际上，课堂对教师来说是授课过程，对学生来说是培养思辨能力的过程。教师应鼓励学生表达自己独特的想法、做出自己独立的判断。XHH 老师常常抛出问题，让学生讨论、分享观点，在学生充分表达之后，他再引导理清思路，通过核心要点分析事情的真伪。同时 XHH 老师拒绝"满堂灌"的教学思维。这也得益于是基地专家以及同行教师不断实践的结果。"H 老师的用意并不是说要教我们怎么命题，而是教我们站在命题人的角度去思考命题。作为平时授课的老师，我们更应该知道要教学生什么。这是一个反向思路。经过几次的讲座和大家的一起分享之后，我更坚定了信念，所以我会经常在学校里跟其他老师沟通交流。我说，我们绝对不能用死记硬背的方式来教道德与法治，这绝对不可以。我觉得这也是我参加基地培训，聆听了专家的辅导，以及和同伴一起分享的结果。"

谈到班级管理，XHH 老师着重于"班风"的培养。教师处理班级管理问题时，首先把控的一定是整体，然后对一些特殊的学生单独处理，要有策略地教育学生。对于"惩戒"，XHH 老师说："当学生犯错时，我个人认为一定的惩戒是需要的，但内心是充满关爱的，所以一般不是我说要让他做什么，而是让他自己讲，让他自己选择一种方式，起到引以为戒的效果。我认为惩戒的方式要让学生能够接受，且符合教育部相关文件精神，同时又能起到一定的教育意义，我觉得这样才比较有用。"可见，合理、合情、合法的"惩戒"有利于教学，但关键在于教师选择如何惩戒。

"责任心""包容"是 XHH 老师谈教师职业道德时的关键词。她认为教师这个职业，责任心一定要非常强，对自己的要求要高。这个时代正是需要人才的时代。教师为社会培养人才，坚持这样的初心与热爱，对教育事业的热忱是不会消失的。教师的责任心也体现在对学生的公平上。这点是很重要的，公平地对待所有学生，学生将会反馈给教师高度的信任感，让教师产生职业幸福感。基地专家的精神引领也影响着 XHH 老师的性格生成。包容是 XHH 老师在基地培训中最大的体会。"跟 S 教授在交流的过程中，我很明显地感觉到教学中要对学生进一步地包容。刚开始的时候，我的想法就是让学生表达自己的想法，但是我不能认同学生和我不同的观点。我认为我的教育方法可能是效果不佳，否则他的观点怎么没有改变呢？后来我意识到我也要尊重、包容学生的观点看法，允许有不同的观点存在。"

在形象方面，内在形象与外在形象构成了教师的整体形象。XHH 老师认为形象不仅是穿着打扮，还有谈吐、为人处世。教师的职业形象要符合教师的身份，因为教师所面对的是未成年的孩子。"我们这个团队每两周一次培训。由于受基地文化的影响，大家都比较重视形象。因此，每次活动大家都精心打扮，每个导师和教师都美美的，实现了美美与共的效果。我感觉老师的职业形象或者说衣着打扮要符合教师的身份，体现教师美的形象，因为我们所面对的是未成年的孩子。"

在经验视野上，XHH 老师展现出了丰富的阅历。教育是一个细水长流的长期过程，作为教师，一定要抱有平常心，千万不要认为教育了、强调过很多遍了，学生就应该会了。没有这种应该，所以教师要慢慢地调整自己的这种状态。

参加基地培训拓宽了 XHH 老师的视野——专家讲座精彩，研究前沿且深入新颖。在基地导师领导下，制作微课并录用于学习强国，对于学科专业能力的提升及计算机能力的提升都是很有帮助的，让教师站上了更高的平台。基地教会教师站在学科核心素养培育的角度去思考命题，非常重视提升教师的教学能力，XHH 老师认为很快提高了他对新班级的管理能力。"我感觉不管是专业方面的指导，还是计算机方面的能力提升，都是有帮助的。而且我感觉这个基地很会为我们教师搭配，后来一直帮我们推送，也让我们站上了更高的平台对于我们基地教师的专业发展有很大的帮助。"

（八）关于 XJ 老师的成效分析

XJ 老师肯定了思政课教师政治性强的特点。思政课教师的教学过程具有很强的政治性，是一个育德育人的显性过程，需要思政课教师具有比较强的政治领悟力。这体现出思政课教师的基本素养。同时，基地培训也进一步拓宽了 XJ 老师的政治视野。专家的精神引领以及专业引导，潜移默化地帮助 XJ 老师打开了思路，了解了政治上的基本底线。"H 老师为我们邀请到很多非常资深的、有经验或者有特点的专家……在基地里我们可以听到很多很有前瞻性的一些知识和理念。在专家和我们的沟通中，他们的政治观和价值观，其实也在无形中影响着我们……他们一方面给我们打开了思路，另一方面让我们知道了政治上的基本底线和我们思考的方向。"在时政方面，基地积极关注教师政治的敏感度培养，让他们及时了解政治新闻。基地通过论坛的形式组织学习，极大地提高了 XJ 老师对于时政内容的把握。"在基地中，我印象比较深的是我们教师结业的一次展示。这个展示活动中有一个论坛。当时正在召开党的十九大，H 老师就马上组织我们学习了党的十九大精神。我们的论坛就是从党的十九大讲的文化自信的角度来展开的。这个培训增强了我们的政治敏锐性。"

在教学理念方面，以学生为本是 XJ 老师强调的一点。由于 XJ 老师面对的是初中阶段的学生。该阶段的学生具有很强的成长变化性。许多学生并没有形成完善的政治观，谈不上有一定的政治理解。思政课教师培养学生的政治观是一个从无到有、持续的、循序渐进的过程。所以，思政课教师要关注学生的兴趣点，深探该兴趣点可能的发掘点，从而对学生进行引导。同时基地的专家以及同行教师对 XJ 老师的精神引领也是不可小觑的。这种潜移默化的影响也时刻影响着 XJ 老师的育人观念。关注学生的成长是近些年 XJ 老师最大的收获。"在基地3 年，说实话，好教师我碰到不少。你近距离接触这些好教师，他们的人格魅力和学识魅力对我的感染力和影响力真的很大很大。他们给我的教育就是要用心教学，看到学生的成长就是自己最大的欣慰。"时代性也是 XJ 老师的教学理念之一。她认为："作为教师，不能落后于学生。比如，不能在信息技术和信息获取上比学生慢。有的老师教学了十多年以后，慢慢地就安于现状，渐渐地就会脱离学生的所思所想。我还是蛮喜欢跟学生在一起的。这样我就可以保持一个年轻的心态，能够让自己的思维不脱离学生，跟上他们的信息获取渠道。"

培养学生的政治思维能力、培育学生的理想信念是思政教育的一大目标。作为思政课教师，不应将视野局限于分数与试卷，而应将注意力聚焦于更有意义的事情，让教育教学拥有更高的层次。在具体的授课过程中，XJ 老师更注重教学方法的使用，同样也注重循序渐进地引导、引用生活情境。尽管新教材力争贴近学生生活，但离学生的实际生活还是有一定距离的，所以在教学过程当中，教师应引用一些有共通点的材料和案例，让学生们有更加切实的感受。基地也关注教师信息化手段的应用，聘请专家引导教师在教育教学方式方法上实现更新。这对 XJ 老师的启发很大。"Y 老师当时给我们做讲座，就是教我们怎么样用 Ipad 上面的各种软件和系统来获取最新的技术。在教育教学的方式方法上，我们采用小组的形式，一起来'磨'某一节课，把近期习得的知识和技能应用到自己的课堂教学中，通过小组讨论来提升大家的教学能力。这个方法是非常有效的。"

在访谈过程中，XJ 老师认为公平地对待学生是教师的职业道德之一。作为教师，公平是相当重要的。处理问题时，忌武断，忌主观，教师要思考后再做判断。这点在师生关系的把握中是至关重要的。XJ 老师也很关爱学生——从朋友的角度与学生交流，发展与学生相同或相近的爱好。

在知识视野方面，XJ 老师通过众多网络平台获取信息，吸收新知识；有时跟同事一起备课交流，产生一些思维火花的碰撞，对教学很有帮助。

基地的平台给了教师与外区很多同行交流的机会，一方面让教师们进一步完善自己的教育和教学，另一方面有了更多的渠道获取资源，这些都是很有益的。"基地的平台给了我们和外区很多同行交流的机会，也给了我们很多机会去了解外区在教育教学及培训当中的优秀经验。这为我们打开了新的格局。"

（九）关于 SHF 老师的成效分析

涉及政治性问题，SHF 老师表示政治方向是思政课教师底线的要求。由于思政学科的特殊性，尤其需要思政课教师明确政治立场。

生活化的教学理念是 SHF 老师所坚持的。思政课教材中有大部分涉及意识形态的内容，学生对比的理解力不足，教师可以通过生活中的点滴小事，将这些内容传递给学生。这是一种潜移默化的过程，让思政教育通过生活化的手段落实到生活中去。

SHF 老师明确表示，成绩是教学评价的重要衡量之一。由于目前的升学方式，成绩考核关系学生未来的发展道路，提高学生的学习成绩是必要的。教师要明确当前考试的方向是考量学生的学科核心素养（即必备知识、关键能力和正确的价值观）习得情况，所以在教学设计的过程中要积极落实学科核心素养，注重学生知识、能力和价值观的培养，特别要重视融入解题技巧在内的情景化教学。

业务能力上，教材的研读和课标的研读对 SHF 老师的影响更为深刻。基地专家倾囊相授，其严谨的治学精神影响着 SHF 老师，同时也促动着 SHF 老师不断优化教学设计。"对教材和课标的研读对我的触动还是蛮深的。教学设计的完善是无止境的，怎么样精益求精？专家们手把手地教授和指导，他严谨的治学精神让我受益匪浅。"授课过程中，SHF 老师更注重多重教学方法的运用。得益于信息技术的快速发展，她在课堂上播放与教学内容相关的视频、音乐与图片，有利于学生沉心进入听课状态。SHF 老师也注重课堂上的同伴影响。通过同伴讨论、互助的方式，提高学生的课堂参与度，教师在其中起到穿针引线的作用，促进了学生对教学内容的理解、吸收，将课堂真正还给学生。"因为一节课是由全体学生跟任课老师共同来完成的。我希望我们的教学能真正地走进学生的内心。真正的一节好课，我觉得不是一节作秀的课，而是一节实打实的、让所有听课的孩子都有所收获的课。这是我从基地各位导师身上学到的。"同时，SHF 老师在进行教学时，也非常关注生活化内容的生成，并注重如何将课堂"放出去"以及"收回来"。如何生成实质性的教育问题、如何真正落实核心素养是 SHF 老师一直关注的问题。"如何通过我们生活中的小例子，把它和教材有机结合起来，我觉得是一位政治课老师的基本功。一节课不能草草了事，也不能随心拈来，那是达不到教学实效的。我们要特别关注学科核心素养的培养，在教学中不断追问学科核心素养是否落实。"

轻松活跃的课堂氛围是 SHF 老师认为思政课堂应有的样子。SHF 老师说："至少让我自己的课堂充满欢声笑语，让孩子们喜欢这门课，喜欢你这个老师，那我就觉得这是做了一件功德圆满的事情，也让自己过得不要那么枯燥。"

一个班级不可能只有优秀的学生,教师对学习有困难的学生应该抱有开明、包容的态度,接受他们的错误并帮助他们改正错误,按照他们能够适应的节奏提升他们的能力。这样的方式能够增强师生双方的信任感,有利于后续教学工作的推进。

教师的工作无疑是劳苦的,面对日复一日的工作,SHF 老师爱岗敬业的态度却从未改变。学生也会看到教师的辛苦。SHF 老师说:"有时候有很多的额外任务,让我感觉很疲惫,但一到上课我感觉又像活过来了。我喜欢和孩子们在一起,喜欢他们充满朝气和活力的样子。他们总能给我很多爱的火花。"用教师的真情、真心去关注学生,学生是能体会到教师的真诚和真爱的,所以即便是调皮的孩子,也会喜欢上这门课。作为教师,跟学生打成一片,是对教师职业素养的认可。

关于外在形象,SHF 老师认为教师应穿着打扮得简洁、明了、干净。形象美跟气质美是相匹配的。这样的匹配能向学生展现出积极向上的精神风貌。

SHF 老师的学习主动性很强,不仅广泛阅读,而且使用网络渠道获取信息。除此以外,她还积极参加各种平台的交流活动,笔耕不辍,不断思考,拓宽思维。

运动与音乐是许多教师的共同爱好,SHF 教师也不例外。球类运动给予教师激情,可以释放工作中的压力。一些歌词富有哲理,SHF 老师还将一些歌词灵活运用到课堂中去。可见,爱好多对教师的专业发展有益。

德育实训基地对 SHF 老师的影响更多地集中在基地专家与同伴的精神指引。通过专家们的引路,SHF 老师意识到"真心育人"的价值,落实课堂教学要做到育人,育人要育到学生的心坎里去。这体现了 SHF 老师坚定的教育情怀。"导师们在基地里给我灌输了一个很大的理念,就是一定要真正地育人,育人要育到学生的心坎里去。否则他不接受的话,他就会拒绝你。""这也是我从老前辈身上、从基地的这些导师身上学到的,还学到了他们对事业的孜孜以求,深厚的教育情怀。"

(十)关于 TW 老师的成效分析

TW 老师具有很强的政治意识。针对党和国家的政治理念与大政方针,思政课教师自己要真信、要吃透、要理解,才能在教学中对学生存在的问题答疑解惑，多角度、充分地引导学生。

针对不同年级的学生，教学目标也不尽然相同。TW 老师说："九年级，尽管作为考试的复习训练会多一些，但我希望教学中更多地从情感上帮助学生多一点对国情知识的认知、对我们国家制度的认同。"在低年级打好坚实的知识基础、情感基础，才能在高年级灵活运用，应对考试，形成正确的世界观、人生观、价值观。

在教育理念上，以学生为本贯穿着 TW 老师的教学过程，而且他在实训基地中深刻感受到以学生为本这一教育理念。基于此，TW 老师在近些年的教学中产生了较大的转变。"在听讲座、实践的过程中，专家们告诉我们、要求我们以学生为本。我自己在学习过程中，整个教学方面也做了比较大的调整。"由于初中的学生处于青春期，个别学生对待学习比较松懈，精神上比较叛逆。作为思政课教师，要持开明、包容的态度，理解青春期学生的心理，及时纠正学生的错误行为，引导学生认真求学，走向实现理想信念的发展道路。

TW 老师认为教师要关爱学生，对于一些成绩比较薄弱、陷入学习困境、内心迷茫的学生，教师要积极关注，认真倾听，了解这些学生的需求，为他们提供解决困难的方法。

在形象方面，TW 教师更注重内在形象。他认为教师主要以知识魅力、人格魅力影响学生，至于外在形象，保持干净、整洁即可。

TW 老师的爱好有很多，其中令人印象深刻的是汉服。近些年，传统文化掀起新的潮流，许多学生对汉服感兴趣。TW 老师通过汉服走近学生，与学生有了共同语言，进而更了解学生的内心。

德育实训基地教会 TW 老师的第一点是"真"：讲真话，塑造真实的情境，让学生说真话，才能够让课堂更加真实。第二点是对学生以鼓励为主："过去可能更多的是把学生找过来批评一下，但现在我能够感受到，每一个孩子都很希望得到表扬，很希望得到肯定。"

（十一）关于 YHW 教师的成效分析

"首先老师自己要讲政治。"YHW 老师在访谈之初说道。显然，政治性是思政课教师的显著特点。YHW 老师阐述了对社会主义核心价值观中的法治方面的观点——依法治国是依靠法律规定如何做，而不是道义上该如何做。

教育理念始终要以学生为本，这是 YHW 老师始终坚持的。一门学科的教学不从学生的角度出发，对学生来说是低效的，甚至是无效的。教师设计的教学过程，要以学生为起点、以学生的认知为基础，不做落后于学生认知的设计，也不做超越学生认知范围过多的设计。访谈中，YHW 老师表示，通过一次公开课展示，他理解了什么是真正的课堂教学。真正的课堂不是表演，而是沉浸式的学习。通过基地的专家指点，YHW 老师的教育理念有了更新与变化。"我觉得什么叫课堂教学，就是学生们忘了是在上公开课而是觉得这是一个非常沉浸式的环节，就是为了上课而上课，为了游戏而游戏，不是在比赛，也不是在表演。老师应该怎么办呢？老师要把课堂当成学生的舞台。老师要宽容对待孩子……后来 WD 教授把我每篇稿子都做了修改，一个字一个字地帮我改。他的批注让我特别感动……我们的导师是非常认真的，他不仅跟我讲哪里不好，还告诉我怎么修改，指导很实在，非常清晰，让我知道怎么提升自己：你的问题是什么，怎么把问题破解，然后怎么做。"

在授课方法上，YHW 老师通过基地同事间的交流与学习，并借鉴了其他教师关于时政教学部分的教学方式，用生成性的内容引导启发学生表达观点的习惯，并将其应用到教学中，取得了良好的成效。"那时候我们对时政也不是很重视。LWH 老师的教学方式给我启发蛮大的，她课堂生成的东西有很多，比如时政的演讲、播报。我们原来可能做得不是很好，但通过大家的交流，我这方面得到了提升。我借鉴了以后，在我的课堂上做了呈现，我有了变化，然后我的学生也有了变化，他们的自信心得到培养，包括对一些是非的判断。因为时政是要去辨别的，不能只播报，还要发表对时政的看法……当时我们的做法是蛮超前的，也是对学生一种能力的培养。"

访谈过程中，YHW 老师通过讲述"学生喜欢的教师是什么样子的"来说明思政课教师应具备的品质。年轻幽默的教师更容易让学生亲近，学生对这类教师没有很强的抵触心理。除此以外，教师应坚持原则，朝令夕改的教师在学生心中是没有威信与号召力的。

在教师的形象塑造上，基地的主持人作为带动基地工作的领头人，深刻影响着每位教师对于教师形象的认识。不仅是外在形象，一些内在品质如认真、严谨等优秀品质也时刻影响着 YHW 老师。"H 老师是非常认真、非常严谨的人。我记得很清楚，当时我们跟 Y 老师展示成果，我们的汇报、展示都准备好了，但是，H 老师发现有一本资料其他基地都做出来了，就我们的没做出来。她要求我们马上连夜做，呈现出我们的成果。第二天我们就一起把代表我们成果的资料搬到那个会场。这个当时对我的影响挺大的，我觉得导师已经是名师，已经很有影响力，还那么认真。这些优秀的品质深深感染着我们。""H 老师很好学，现在还在读博士。这点我真的很佩服。H 老师好学而且博学，具有终身学习的意识，很感染我。另外，其实 H 老师做基地真的是一种情怀。她做了好多届，每届都有创新。我觉得 H 老师'一课一教'这个成果是首创，有创新意识，为我们上海在全国的影响力作出了贡献，其实是为上海在做，也不是为她个人在做。"

涉及职业道德，YHW 老师认为教师首先要尊重学生，对学生的隐私保持绝对的尊重。其次，教师要公平公正，偏私的教师会失去学生的信任。再次，教师更要关爱学生，这是教师责任感的体现。教师要善于发现学生的闪光点，给予学生专业的建议。面对"学困生"，不能将其"一竿子打死"，"学困生"与其他学生只是在思维、能力方面有差距，教师要帮助其发现优点，促使其不断进步。

由于思政学科具有跨学科的性质，所以对思政课教师的专业性、知识面有很高的要求。思政课教师本身要知识渊博，才能应对学生多角度多方面的问题。具备宽广的知识视野，是成为一名优秀思政课教师的必修课。基地培训也对跨学科教学进行共同展示，通过不同学科的交叉互融使 YHW 老师认识到思政教学中跨学科的重要性。"我记得有一次我们和语文学科 Y 老师共同展示。那次印象很深刻，Y 老师精神抖擞。当时我们彩排是第一次见面，但是她见过我们以后，就会把我们每个人的名字都记住，然后我们每个人一一发言汇报，她一一给我们做点评。这点很难得，我真的很佩服 Y 老师。"

不仅如此，教师的反思能力是教师专业发展的重要指标。YHW 老师经由基地的培训生成对教育教学理念的反思习惯，逐渐探索"为什么"这一主要问题，通过寻找证据的方式深化对教育教学的认识。"我觉得基地对我影响很深，也是我教育事业中的一个飞跃……我觉得变化很大。在基地中，我是一线老师，给学生授课，关注'我怎么授''上什么'，但是作为教育学院的人员到基地培训，我需要关注的是'我为什么这样讲'。这个很关键。基地对我的培训就是'为什么用这个教学方法''为什么我用这种理念'。这个很关键。"

除此之外，基地导师也推动着 YHW 老师科研能力的提升。在基地培训中，YHW 老师科研成果显著，多次申报相关课题，还获得教学一等奖。在访谈中，YHW 老师表示，这都是基地带给他的变化。"我记得 H 老师请 LHL 教授做讲座。他讲了思维的分层。他是搞教师研究的，讲的是思维。我就把这个用在我的教学里，影响很大。后来我还申报了一个课题，也成功了，我把这个思维迁移到我的一个研究里面。"

基地培训也为 YHW 老师视野的开拓提供了良好的契机。通过专家报告，YHW 老师在知识层面上收获颇丰，每位专家从各自的研究方向开展相关的讲座，极大地开阔了 YHW 老师的视野。他不仅接触到思政学科的专家，同时也接触了其他学科的专家，这种跨学科的融合使 YHW 教师深受启发。"这个影响还是蛮大的，特别是自己的视野。因为说实话，我们基本上都是思政学科专业，受专业的局限，可能看的一些书也有局限性。我们这个基地不仅请思政学科专家，也请一些跨界的专家。比方说 SXM 教授，她会讲一些日本的文化，给我的印象也蛮深的。像 LCL 教授，我听过他的报告，他当时讲学科德育，包括他讲两难情境，我觉得对我们是很有启发的。"

德育实训基地给 YHW 老师的工作带来了质的飞跃，YHW 老师的教学理念、教学方法得到更新，大大提高了课堂效率。从原本的知识传授转变为创造适合学生发展的教育，从工具性过程转变为创造性过程。在与基地同行的交流中，YHW 老师也认识到自己的不足，并虚心接受意见，完善自己的教学设计，还从导师、同行身上感受到从事教育事业的情怀。

（十二）关于 GYJ 老师的成效分析

谈到"政治强"，GYJ 老师认为，思政课教师首先要坚定理想信念。思政课教师站在课堂这个主阵地，要有一定的政治素养、有一定的政治敏锐度，而且能够把学生的价值观往社会主义核心价值观上引导。所以，思政课教师必须在政治立场、思想信念、政治敏锐度上做好。

在教育理念上，GYJ 老师一直坚守以学生为本的教育理念。在经过基地培训后，他更加深化了这一理念，由过去的关注"共性"开始转向关注"个性"。"不论什么时期，我们都会讲到以学生为本。以前可能更注重学生共性的一些问题，但是经历了基地的学习之后，我现在反而觉得更应该注重一些个性化的问题学生的一些回答可能更能体现一些真实的东西，我们要解决一些学生的困惑。这是我在培训、在基地的教学研究或者听课评课的过程中，作为一个旁听者感受到的东西。"

在业务能力上，GYJ 老师经过培训会首先考虑教学的目标是什么，并依据这个目标反推整个教学过程，同时将学情考虑在内进行教学设计。这对 GYJ 老师来说有很大的帮助。"经过培训之后，我会想设计这一课的目的、这个课的目标是什么；我反推我为了要达成的目标，会去做些什么事情，而且我会去考虑学生，他面对的情境会怎么样。这是通过基地学习之后，我的一个比较大的变化。"对于教学成果的评价，GYJ 老师认为成绩肯定也要放入考量的。因为成绩能够反映很多东西，并且成绩是教学评价的一个比较客观的标准。但是成绩不是唯一的，"唯分数论"是不合理的。作为一个教师，评价学生不能仅看成绩。只是成绩更客观，并且成绩的影响力很大，因此会被家长、教师、学校放大其权重。教学反思是 GYJ 老师经过基地培训后形成的习惯。GYJ 教师表示："我以前上课，特别是上好一节公开课，不太喜欢回过头去想，觉得上完了就是很开心的一件事情。但是，后来经过基地学习，我养成了一个好习惯，就是学会反思：如果再上这节课的话，有什么地方可以上得更好，有哪些点或者一些深层次的问题？"

在管理方面，GYJ 老师会与学生立好规矩。"一般在接一个班级的时候，我会把该做的和不该做的、鼓励做的和禁止做的事情在第一节课就先告诉学生。"不仅是有秩序，GYJ 老师更希望课堂更有生动的一面。在经过基地专家的指点后，GYJ 老师认为，课堂除了应该有秩序还应该有一些争论与共鸣，让学生的思维能力能够有提升。"导师的点评对我们非常重要。培训以后，我除了希望学生有话可以说，还希望能够让他在原有基础上提高一些认识。所以，有的时候我就琢磨这个课的设置。"

基地的学习给 GYJ 老师打开了一扇窗，让他的视野更开阔。通过这次学习，和基地导师交流、专家的引领，包括和同伴之间的对话，给予 GYJ 老师专业成长上更多的动力。参加基地培训以后，GYJ 老师更愿去接受别人的一些想法，虚心请教他人。基地培训带给 GYJ 老师的影响是深远的。"参加基地以后，我觉得我开始关注的东西变多了。比如，我会去关注很多公众号，去图书馆翻阅一些核心期刊；我会更长远地看问题，或者更愿意接受别人的一些做法和想法，我也会主动请教他人了。"

总而言之，在德育实训基地培训的过程中，每位教师均在政治信念、教育理念、业务能力等方面获得了不同程度的认同与提升，获得了长足的显性成长。这种成长主要表现在教师个人教育信念的提升、教育理念的升华、教学经验的丰富、科研能力的拓展等层面上。同时，通过基地培训的熏陶，教师之间相互交流形成了"动态的"名师研修共同体，营造了互帮互助、共同成长的培训氛围，在彼此影响下更加关注教师形象的塑造、教学技术的提炼、教育经验的分享。总的来说，德育实训基地全面提升了教师个人能力，是形成积极的名师共同体的优良平台。

第四节　研究结论

一、教师整体发展效果

（一）政治上获得高度的政治认同

在问及对政治性的理解时，大部分受访教师都呈现积极的态度，尤其体现了思政课教师强烈的政治信仰和高度的身份认同。在教师的心目中，对于政治的认同是随着教学经验的增长逐渐丰富的，信政治才能讲政治是每位思政课教师的共识。其中，学习强国是每位教师了解当下时政信息、更新观念的主要渠道，以自身的政治力量推动课程，从而修正学生的政治意识是教学的主要原动力。

1. 以国家为镜——"国家立场就是我的立场"

在问及相关政治性问题时，大多数教师体现了强烈的政治认同，认为作为一名教师最根本的原则就是要讲政治。较为典型的观点主要包括：讲政治要信政治、了解政治、将政治信仰教给学生。在思政课教师心目中，讲政治是其进行道德与法治课教学的主阵地。

"我认为，自己首先要信我们党制定的大政方针。自己首先得先吃透，然后理解它，这样才能够在课上对学生释疑解惑。遇到学生的一些思想问题或困惑，我才能更充分地、多角度地去引导他们，才能摆事实讲道理。"（TW 老师）

2. 以自身为尺——"思政课教师尤其要讲政治"

与受访教师的对话展现了思政课教师对自身强烈的身份认同。大多数教师认为，作为思政课教师，信政治才能讲政治是思政课教师对其自身身份的体认。在具体表述中，WB 老师的说法具有代表性。

"我想作为一名思政课教师，尤其要清楚我们要培养什么人，为什么培养人，怎样培养人。立德树人根本任务的落实需要我们政治要强，那么怎么做到政治强呢？第一，理论性要强；第二，要做理论的宣传者。这就要求我们坚持正确的政治方向。要有正确的立场，要有正确的观点，要具备较高的政治的鉴别力，包括有很强的政治敏锐性，这是我们跟其他学科教师的区别。"（WB 老师）

作为思政课教师，首先需要关注自身的教育信念，有鉴定的身份认同，还要突出思政学科与其他学科的特殊性。思政课教师要以强大的政治信念严格约束自我，将政治信仰带进课堂，进而感染学生。"政治敏锐性""终身学习"等词语体现了教师对自身的高要求，通过不断学习来加强政治性。

（二）业务上实现多方位的专业提升

在访谈对话中，受访教师大多认为业务能力不仅仅是抽象化的问卷评分，也不仅仅是一维化的升学成绩，更体现在日常的道德与法治课程教学中。考虑到思政的学科性质，思政课教师的首要任务是将教学理念贯穿课堂内外，通过"目标多维度""内容多支撑""思维多层次"的课堂，将道德与法治课的知识教授给学生，将道德与法治课的观念根植于学生内心。现阶段思政课教师实现自我发展水平的提升，必须摆脱"生存阶段"关注课堂管理的惯性思维，而要逐步趋向关注课堂情境的创设。

1. 理念先行——"主体性与时代性相互兼容"

在访谈中，受访教师通常是在阐述课堂教学过程、德育基地学习过程的字里行间体现出他们的教学理念更新。大多数教师认为先进、合理的教学理念对思政课教学的改革具有很大的驱动性。较为典型的观点主要包括：考虑学生的现有基础和认知阶段、课堂根据学生的认知基础来设计、教学设置生活情境。以学生为本是思政课教师教学体现学生主体性的首要理念，有助于提高思政课教师施教的针对性与实效性。在注重书本知识的同时，更要关注思政课生活化的一面，时代的发展要求教师善于体验生活、运用生活情境。

"必须要考虑到学生的感受和学生的基础……我自己虽然教龄不长，但是我已经经历了两所学校。我发现不同学校、不同班级、不同孩子之间存在差异，我的教学方式，包括教学设计，肯定是会有不同的。"（ZP 老师）

2. 课堂为主——"关注教学全过程"

通过与受访者的对话，了解到思政课教师大多重视课堂本身，设置明确清晰的教学目标，运用启发、互动的教学方法，传授丰富且具有思考性的教学内容，在教学评价中倾向舍弃以往单一的终结性评价，将过程性评价的地位提升到一定的高度。这个过程既教给学生具体的知识，又能教给学生学科学习的能力。其中，LB 老师的说法具有代表性。

"我们这一期教师的研究项目是指向核心素养的学习评价研究。通过研究，我们更加重视学生的反馈，更加重视学生。首先要做到目标明确。如：有一节课的目标是让学生理解什么叫民主。先明确目标，之后再去想我应该举什么例子？我应该给学生看什么资料？我应该问学生什么问题？这些就是以目标为导向的方式，使我备课的时候更加清晰、明确，就不只是简单地跟着课本走，课本讲到哪儿，我就解释到哪儿。我觉得这个培训当中比较重要的一个理念就是以终为始，关注学生的评价。对学生的观察途径，包括在作业、练习中判断学生在课堂当中是否学到了。"（LB 老师）

3. 管理并进——"秩序与活跃缺一不可"

在与受访教师的对话中，大部分教师推崇课堂需要活跃的氛围，极少数教师坚持课堂需要维持严格的秩序。事实上，思政课堂是思政教育的主阵地，课堂的教学艺术是"戴着镣铐的舞蹈"，课堂秩序决定课堂效率的"下限"，课堂氛围决定课堂效率的"上线"。思政课教师在维持基本课堂秩序的同时，活跃课堂氛围、提升学生的参与度，是稳定课堂管理、提高课堂效率的关键。

"我觉得至少让我的课堂充满欢声笑语，让孩子们喜欢这门课，喜欢我这个老师。当班级上有特别吵闹的孩子，我觉得要先把那些不太吵闹、好一点的孩子，抓在你手中；然后对于那种特别能吵闹、很标新立异的、扰乱课堂纪律的孩子，肯定要用更多的时间（不仅是课上，肯定要在课下花一点时间），走进他们内心。人都是有体会的。他会感觉到你是在真心为他，而不是看他笑话。这样，我觉得还是会慢慢变好的。"（SHF 老师）

作为思政课教师，考虑到思政学科的特殊性，应注重与学生经验、时代经验的内在对话，不断生成思政教学与思政实践的内在动力，突破传统思政课教学的习惯与桎梏，与学生双向构建独特的思政教学结构，适应新时代对思政教育的发展要求。

（三）性格上塑造健全品格

依据受访者的背景，大部分教师已经具备多年的教学经验，教育教学的历练过程也是其对性格"打磨"的过程。部分教师认为，教龄达至一定年限，教师的性格逐渐会耐心、沉稳，开明、包容；一些教师还认为，教学要具备一定的个人特色，可以利用自己幽默风趣的性格渲染教学氛围，促进良性的师生互动；还有部分教师不断触动学生，通过温柔、和蔼的个性品质引导学生，以稳定的情绪感染学生。

"道德与法治教师要很严谨，同时也可以变得很幽默。这种幽默也不是说很浮躁的那种，就是有时候课堂上的一种小插曲，你有一个非常幽默或者说一种很风趣的'东西'。"（ZP 老师）

（四）品行上体现高度的道德约束

根据受访教师的表述，可将教师的道德品质分为职业道德与个人道德。思政课教师作为一门具有鲜明道德性学科的传授者，作为学生价值观、政治观的辅正者，应当在教育教学过程与校园生活中展现新时代思政课教师的"正思想""高道德"，不断提高自身的思想道德水平，帮助学生建立有利于未来发展的正确世界观、人生观及价值观，训练学生目前社会普适性的基本知识、规则和能力，充分发挥思政教育的持续性、长期性和道德性的特点。

1. 以身养性——"坚守个人道德底线"

问及个人道德问题时，受访教师均表现出较高的道德性与反思性。思政课教师的职业角色决定其必须具有高度的道德感、责任感、信念感、关怀性，能对自身进行有效、深刻的价值反思。

"我曾经为了评高级走过很多弯路，我觉得太辛苦了，写论文太痛苦了，后来我就把精力放到思政课教学上，觉得这能体现我的价值，能够体现我是一个正直的人、善良的人，而不是一个虚伪的人。不管别人怎么说，但是学生至少认为我是这样一个老师。"（LWQ 老师）

2. 以业修德——"争取职业道德高地"

受访教师在谈话中表现出强烈的职业道德感。受现代教育观念的影响，思政课教师作为学生道德教育的促进者，更应以身作则、关爱学生，通过教育教学过程，扩大职业道德领域，以职业修习德性；通过在教育实践中的道德体认，实现思政课教师的特殊功能性。访谈中，

XHH 教师的观点极具代表性。

"对于一些比较过激的教师的行为,我看到了之后都觉得很惊讶。可能他们并没有真正意识到教师的职业要求。我感觉他们只是把它当作一种工作,并没有真正地去爱学生。我感觉他们可能没有摆正自己的身份,没有摆正身份的老师早晚都是做不长久的。我一直觉得教育工作真的是要用心用情去做的。"(XHH 老师)

由于思政学科的特殊性,思政课教师的"功能性"更加突出,就要求思政课教师修炼自身道德品质,个人道德与职业道德兼修。若无个人道德,职业道德变质虚伪;若无职业道德,个人道德无法升华。所以,思政课教师要在复杂情境中明确教育边界,强化思政课教师的职业特点和专业性,实现自我道德并进一步提升职业道德。

(五)形象上更加关注内外兼修

在受访教师的表述中,很多教师认为关注自我形象是思政课教师职业的潜在特点之一。教师职业自古以来给予大众的是朴素、内敛的形象。在新时代背景下,思政课教师不仅继承教师职业一贯优良的内在形象与传统内涵,而且汲取时代赋予教师职业的新鲜意涵,同时注重塑造整洁、得体且不失个人特色的外在形象,将普适性与特殊性集合于一身,发展出顺应时代潮流的思政课教师的新形象,向社会展现出思政课教师与时俱进的群体印象。

1. 关注精神内涵

"亲其师而信其道",多位受访教师表示自身的内涵底蕴、精神面貌能够潜移默化地影响学生。尤其是思政课教师,在课堂上向学生展示深厚的学科底蕴、积极进取的精神风貌、端正良好的思想态度,能增强学生对自我内在形象的感知,而且通过学生的反馈,教师能够明确润饰、积淀精神的方向与途径。

"其实内在的人格魅力就在于积累。这个积累很大因素就在于平时多读书……我的阅读量决定了我的本体性知识。除了本体性知识,我喜欢看各种各样的书,并且各种各样的事情都可以和孩子进行交流。孩子觉得老师怎么这么懂我们,怎么什么都懂,这就是内在的人格魅力。"(XWD 老师)

2. 塑造外在形象

受访教师在经过德育基地培训后,对教师外在形象的思考深有感触。蔡元培在"五育并举"中提出进行"美感教育"以提升审美力。当代社会,虽然没有体系化的美育课程,但"隐性美育"却无处不在。教师的外在形象无形之中熏陶着学生的审美力,塑造合宜、优美的外在形象无疑对学生的审美起到启蒙作用。

"教师的形象我觉得很重要的。首先爱美之心人皆有之。这个美主要是我们中国人经常说的内在美,其实外在的形象也很重要,做教师不要求你长得有多好看,但起码给人一种非常正气、非常整洁的印象……我觉得教师还是要稍微有所修饰,包括着装。对教师的着装其实是有要求的,但是并不是所有的教师都有这个意识。"(WB老师)

作为思政课教师,在关注课堂教学的同时,也要注意自我形象对学生的影响。外在形象是内在形象的物质载体,是具象化的内在形象,内在形象则是外在形象的支柱,是外在形象的内生力量。目前,教师群体中存在外在形象与内在形象建设断裂的情况。实现内外兼修,才能缓和、统一教师自我认知的矛盾分裂。

(六)视野上积极开拓全方位的知识、兴趣

受访教师在备课、授课、省课3个阶段,展现出比较宽广的视野。作为思政课教师,具备扎实的知识基础以及丰富的实践经验已经成为广泛的共识。时代与科技的飞速发展,给予思政课教师更多的渠道去获取深层次的学科知识,为教学打下坚实的基础。同时,新时代教师职业角色不再单一,思政课教师可以在教学之余发展多样化的兴趣,增强教师生活的体验性,促进教师思维的立体化,提升教师设计教学活动的情境性,提升学生对教学的参与性。这些在道德与法治课程中具有举足轻重的作用。

1. 丰富生活阅历,汲取广博知识

在访谈过程中,受访教师都认为当今教育界对思政课教师的要求越来越高。思政学科具有很强的综合性,需要教师了解相关学科的知识,以支撑涉猎广泛的教学材料,应对学生关于各个领域的问题。同时,教学的情境性增强,需要教师增加阅历与生活体验,在生活中感知复杂的情境脉络,形成教师能够运用的教学图式。在受访教师中,ZQ老师对此有切身体悟。

"有知识视野、国际视野和历史视野,是政治教师应具备的一种基本素养。作为教师,只是照本宣科,去读《道德与法治》课本上的

内容,上课就会很没趣。教师如果没有一定的知识背景,给学生讲课时,就没有办法把一些道理讲清楚、讲透彻,无法说清楚知识之间的逻辑关系;学生也只是听到很肤浅的东西,听得一知半解。关于国际视野,我认为,我们现在处于改革开放的大环境,教师应该要多关心政治。就像之前我讲的,我为什么坚持天天看报纸、看电视,不外乎就是要让自己多知道一些国内外发生的大事情。教师多了解一些知识,才能在课堂内跟学生进行学习交流。了解和不了解,对于一个问题的看法,在深度上是会有差别的。关于历史视野,我认为,道德与法治老师没有一定的历史知识,是一件很糟糕的事情。特别是我们讲中华优秀传统文化的内容,如果你不了解历史就跟学生讲课,学生是不会相信的。有时候,我们在课堂内稍微讲两个历史典故,就会起到很好的教学效果。历史视野还跟老师自身的学习能力、文化素养有关。"(ZQ 老师)

2. 重视兴趣对话,塑造多重角色

大部分受访教师的兴趣爱好给予他们的生活和工作很多启发。教学工作也会给教师很大的精神和身体压力,兴趣爱好赋予教师放松精神的空间,让教师在社会的多重角色中形成链接,在多重角色的切换中相互对话、构建自我,加深了对教师角色的理解。

"我喜欢打球啊!我很喜欢羽毛球,还喜欢踢足球、看球赛。踢足球会让人有一种激情。这个球在有可能进和不进的关口,是非常激动人心的。我喜欢听歌,因为很多歌词写得很妙、很有哲理,在我上课时也会经常用歌词来表达一些教学知识点。"(SHF 老师)

作为思政课教师,需要大量的生活经验。生活是教师的一个实践场域,在回顾过去、探索未来的过程中搜集自我、他人以及集体的经验,有助于教学资源的丰富与完善。从不同的渠道获取广泛的学科知识,从多重的兴趣爱好中挖掘教学的妙想巧思,对教师的成长是有百利而无一害的。

二、教师个性化发展效果

(一)将兴趣带入课堂

在接受过培训后,一部分教师立足于拓展自身的兴趣爱好,关注自身对生活经验的体悟,并愿意在此基础上实现教学上的创新,为学

生提供开阔视野的平台。

1. "有趣的灵魂才能推动另一个灵魂"

LB 老师十分热爱生活，在业余生活中喜欢培养各式各样的兴趣爱好。他认为兴趣爱好也凸显了人的一种品格，因而课余生活丰富，个人修养不断提升。

在教学方面，LB 老师立志将丰富的生活带进课堂。一方面期望能够与学生有更多的话题，以增进与学生之间的关系，从而实现师生间的良好交往；另一方面，希望将日常生活中丰富的案例带进课堂，作为一种教学手段，提高课堂的活力与质量。

LB 老师以"有趣灵魂的碰撞"来形容兴趣与教育的关系，并以此为座右铭，严格要求自身并力图影响学生。

"中国有这样一句古话，人无癖者不可交。所以说人一定要有爱好。我自己也属于'斜杠中年'。我是高级摄影师，喜欢摄影，负责基地公众号，基地所有的集体活动照片都是我负责拍照录像的……我的爱好非常多。我喜欢运动，喜欢各种玩，我的'slogan'——"就是'一个有趣的灵魂'。做人要有趣，要有幽默感。我以前经常一个人出去玩。现在有两个孩子了，我就带着孩子一起玩。之前我没有孩子，周末我就去参加各种青年活动，"稻草人"、徒步、"密室"等各种各样的活动。社会资源很丰富，且基本上都免费，各种讲座、读书会我也会去参加，还有"脱口秀"。我自己很开心，灵魂变得"有趣"了。教育不就是一个灵魂去推动另外一个灵魂吗？我的灵魂有趣，我的学生的灵魂也会有趣。所以我要让自己变得有趣，让学生从我身上分享到一点趣味。另外，我会把我的一些有趣的经历在课堂上信手拈来，跟学生分享。我上课从来不是完全遵循教案的，教案只是一个案例。我上课时会把上课的内容通过我们身边的例子和自己经历的一些故事讲出来。"

2. 课堂"反哺"兴趣

TW 老师在课余期间专注汉服，并以汉服开展了一堂生动的拓展课，以自己了解的汉服文化以及生动的"改造"活动为基础开展教学，得到了极好的课堂效果。

这堂汉服文化的拓展课不仅将 TW 老师个人的兴趣延伸至学生们的兴趣，同时也增进了 TW 老师与学生之间的联系。

"我比较喜欢玩汉服，对这些衣服比较感兴趣。之前我在奉贤工作的时候，给学生上了一些拓展课，没有想到这些孩子非常喜欢。后来因为我们学校里有六一儿童节展示活动，我们当时有一个大胆的设想，就是用一些桌布和废旧的衣服做类似于古装的改造。后来，我们还设计了其他的活动，我发现学生真的很享受，一些学生还会跟我交流。所以，一开始只是我个人的兴趣爱好，后来我发现它能给学生们带来很大的变化，就去深入了解了一下，渐渐地发现我越来越喜欢。"

（二）坚定的教育信念：兢兢业业做教育

1."以真心待真心"

SHF老师始终坚持立德树人的理念，具备崇高的教育信念。他认为，教育事业是以真心待学生的过程，并将之贯穿教育教学的整个过程中。

在师生交往过程中，SHF老师认为，真心育人的教育理念能够有效增进师生间的良好关系。在课前，SHF老师会依据课堂上学生的实际情况进行调整，根据不同的班级情况进行同课异构。这需要教师在课余期间关注不同班级的学生的具体学习情况。SHF老师喜欢用视频导入的方式引导学生调整课堂情绪，提高注意力——这是体谅学生、关爱学生的具体表现。在课余，SHF老师也积极配合班主任工作，并认为道德与法治课教师更要承担起育人的义务。SHF老师积极践行着育人职责，以自己的魅力以及耐心的话语感化学生，使学生由被动学习者向主动学习者转变。

在教学与课堂管理中，SHF老师积极与学生互动，选择贴近学生生活内容的素材作为上课内容，以提高课堂对学生的吸引力。对于相关知识点的理解，SHF老师耐心讲解，以生动形象的方式对内容进行加工，积极采用多媒体等智能化手段提高教学质量，同时它也是增进与学生关系的有效手段。

在教育理念上，SHF老师强调以真心换真心，学生也是真实的个体，教师的真心学生是能感受得到的。SHF老师也是以这样的理念践行他的教育的，无论是在课堂教学还是课后处理学生事务，总能从学生角度出发考虑问题。

"今年教师节我收到了几封信，我觉得当老师或许是清贫的，但精神上是非常丰盈的。其中有个孩子写了蛮长的一封信给我。他说：'老师，我今天写这封信的目的是要感谢老师，我以前对道德与法治这门学科很抵触，但自从你来上我们的课以后，我就有很大的变化，因为你经常在我们疲惫的时候体谅我们。我们体育课上完，你总会让我们用一两分钟时间擦擦汗，让我们的心静下来，喝点水。

我在导入课题的时候经常用视频。放视频的目的是用两三分钟时间让孩子们擦擦汗，喝点水。让他们在非常轻松愉悦的氛围中调整好自己的情绪，同时让他们较快进入我的课堂。这样的形式也能拉近我跟学生之间的距离。我用自己的真情真心去关爱孩子，孩子也能体会到我们老师的真心。哪怕很调皮的孩子，他们也会喜欢上这门课，而且这些孩子经常让我很感动。例如一个孩子这样说：'老师，你经常在课文中讲到社会的公平正义，讲到法律的威严。以前我总觉得社会有很多阴暗面，以前老师讲的内容我不能接受。但自从你上了这个课以后，慢慢地，我不仅喜欢上你的道德与法治学科，而且我告诉你一个小秘密，我将来还想做一个警察。我想这个职业肯定要考个好的高中，然后才能上大学；如果不上高中的话，考不上大学，连警察的入选资格都没有。'我看了很感慨。因为除了我的课他认真听，其他课的老师都拿他没办法。他爸妈也很无奈，他还经常会跟家长吵架。教师节他能给我写这样的一封信，我觉得比收到其他的礼物更开心。如果我们能改变一个孩子，不仅在思想上，而且在行动上，哪怕他有一点点进步，我们都应该欢喜。"

2. 教育需要关注学生心灵

LWQ 老师在经过基地一次心理学知识培训后深受启发，将"行为主义"应用到她的班级管理中。在此之后，她关注学生的行为变化，激发学生对生活的兴趣，依据学生的实际情况帮助学生走出逆境。

在班级管理中，LWQ 老师致力于关注学生的内心世界。她认为，教育中心理学的使用应该指向学生的行为转变，教师应当共情，但不能仅限于共情。LWQ 老师通过一次"黑板报"事件，关注学生的所长，激发学生的生活兴趣。在这个过程中，LWQ 老师积极给予学生指导帮助，通过一次次奖励重新点燃学生的自信心，并帮助学生找到了合适的升学道路。

除此之外，LWQ 老师强大的教育信念也促使她努力做好家庭与学校之间的桥梁。在家长与学生发生冲突时，LWQ 老师积极沟通，以学生的真实体验劝说家长，做到了真正意义上的家校沟通。方向一致的家校教育不仅化解了亲子沟通上的"危机"，还使教育效果事半功倍。

最后，LWQ 老师认为教育事业不仅是教师引领学生的过程，同时也是学生带动教师的过程。在一次次师生互动中，LWQ 老师感受到对教育事业的强大的教育信念；学生的反馈给了他在事业低谷时强烈的价值认可。这是一种师生成长、双向互动的过程。

"在基地培训时，基地导师 LXW 教授的话给了我很大的启发。他说：'当一个孩子考 10 分，然后你经常告诉他：你不要灰心，不要丧气，你还有很大的机会。如果老师总是跟孩子说这样的话，那这个孩子以后不是智力障碍者，就是精神病人。'这是我第一次相信心理学。他点醒了我，你陪着他去哭，陪着他去闹是没有用的，哭完他还得去读书，读完书他还是考 10 分，最后他病了。那他的价值在哪里呢？因此，LXW 教授教我用行为疗法进行教育，因为孩子是未成年人，那么在跟他交往的时候，要了解他的兴趣、他的爱好在哪方面，然后找到一个突破点，让他行动起来，在他行动的这个点让他找到人生价值，他自然就改变了悲观的状态，进而会有更高的目标。"

我就是用这个方法让一个孩子考入了上海理工大学的。他还没出生时父母就离婚了。他成绩不好，所以内心一直很自卑。他进校以后，我了解到他之前在学校专门出黑板报，所以我就跟他讲，'你初中一直在出黑板报，你的画画得很好'。我让他出黑板报，一开始他拒绝我，说他初中出了四年板报，一次奖都没有评上。我就引导他围绕主题去选材，之后指导他在理解主题的基础上再去构思。结果，这一期的黑板报我们得到了学校的特等奖。之后，这个孩子的兴奋点就开始了。到高二时，他就决定去艺考，但他爸爸不同意。他爸爸是做生意的。他爸爸来找我，说他要把他儿子送到国外去读书，要去学管理，回来要做家族企业。我说，以前你穷没有条件去做自己想要的事情，现在有条件可以让你的孩子去做他喜欢的事情，为什么不能让你的孩子自主选择自己的人生道路呢？后来他爸爸被说通了，就让他儿子双休日参加了美术班。后来，这个孩子在高三时还坚持出黑板报。虽然高三不要求班级出黑板报了，他还坚持出一期黑板报来给大家打气。

当时我就记得在高一的时候，中午我给他们放了一首歌——《绽放到最美的地方》。他当时说，可能别的小孩都不听，但是他听进去了。所以我很感动，其实做老师非常辛苦，但是有这样一批孩子需要你去帮助。同样，在我人生低谷的时候，他们给了我价值的认可。我身边很多人不理解我为什么每天那么早去学校，晚上那么晚回家，问我图的是什么，我觉得这就是我的价值。"

（三）提升专业能力：教育视野的深度拓展

1. 理论与实践的并行

WB 老师讲述经历了 3 年的基地培训，他收获的成长来自各个方面，包括专业理论、教学技能等。

在专业理论上，基地运用不同学科的专家开展讲座的形式，拓宽了教师的知识视野，还要求教师们广泛阅读专家推荐的图书。WB 老师认为，开展讲座不仅拓宽了他的理论视野，同时也提供了教师与专家面对面沟通交流的机会。此外，WB 老师在文章写作方面也有显著的提高，在基地进行的相关研究对其硕士毕业论文的写作也产生了积极影响。同时 WB 老师作为学校的管理者，经过基地培训后，从研究的视角将各类研究、竞赛活动引进学校，丰富了学校的资源。

在教学技能上，WB 老师特别提到在基地培训中进行的单元教学研究，给其带来很大的影响。WB 老师表示，未经过基地培训前，他认为自己的教学过程是很规范的；但经过培训之后，他意识到在教学环节上还有很大的发展空间。基地也经常开展一系列的教学技能评比，教学展示大大提高了 WB 老师的教学能力。

"这 3 年的收获很大，首先是专业知识的增长。比如，专家讲座。这些专家大多是我们以往接触不到的教育名家。他们专业引领，给我们推荐了很多专业书籍，我感觉学到很多。还有一块是教学技能。比如说教学设计，我印象特别深的是在单元教学设计上，我们花了很多心思研究，基地也请了很多专家给我们做指导。最近，我们学校组织学科教学展示周。我就把九年一贯制中小学的思政一体化整合起来。我一直在研究这个，在'磨课'的时候我坚持从单元设计入手，先了解整个单元设计的内容，然后再了解每一板块的内容。我清楚地知道，把课本内容讲得面面俱到是不可能的，那么就要把教学重难点问题讲到。我讲课的思路与方法就源于基地培训的收获……我觉得我还取得了很多成果。对我来说，这 3 年中我完成了基地的培训，获得了成长，其间我还获得了上海师范大学的在职硕士学位。我觉得这跟基地的培养很有关系，我的硕士毕业论文就是关于道德与法治学科的，论文的撰写也得基于基地的培训。"

2. 回归教育本身看教育

YHW 老师由于在课堂讨论中的一次失误导致了公开课超时，引发了他对于教育问题的深度思考。在 YHW 老师看来，尽管公开课效果很好，但超时导致的失误使得课并不完美。但在基地的专家看来，这节课并不是失败的，因为从师生关系来看，教师做到了对学生的宽容与理解，增进了师生间的关系，消除了学生的愧疚感。从教育视角来看，这是一节成功的课。

YHW 老师认为基地培训带给他更多的是对教育问题的深入思考。教育不是表演，教育的最终落脚点是关注学生。

"当时我那个案例还获得了上海市德育案例的二等奖，但我觉得那是失败的课。我当时借的是 TLSZ 学校班级上课。课前，我请班主任对孩子做了一些课前调研，然后我把了解的情况在课堂做了呈现。因为课程主题是自信，课前调研结果是我的上课素材之一。当时我以游戏的方式进行课堂导入。该游戏是一个绕口令。我请每个小组找出一个说绕口令最佳的人，然后在全班交流。孩子们很感兴趣，游戏分小组进行，小组合作有分工。但有一个小组忘了计时。这个教学生成跟我的预设存在偏离。但我还是让他们重新来过。这等于增加了时间，由此，我的课就拖堂了几分钟。之后，那个忘记计时的孩子找到我，并和我说：'老师谢谢你，你是我的知音。'后来，我把这个事情写到我的课例中，并进行了反思：什么是真正的以生为本？他忘了比赛计时，是因为他们沉浸在活动中；我让他们重新来过，真的是为了上课，不是为了表演。这点没错。错在拖堂剥夺了学生课间休息的权利。以后在教学设计时要留有余地……后来，WD 教授在指导我修改这篇稿子的时候指出：'你不要从这一堂失败的课讲，要从包容和宽容这个角度讲。'通过专家的指导，我的教学理念有了更新和变化，从中我看到了教育更深层次的内涵。这是基地培训给予我的。"

本章小结

本章从教学课例、文本作品及教师口述的分析中探寻基于名师研修共同体的教师专业发展成效。教学课例主要围绕部分教师的课例呈现，以具体事件真实呈现其专业发展的心路历程。文本作品分析主要依据名师基地培训后形成的三部文集：《魅力德育——教师魅力塑造与学生品德培养》《魅力德育——思想品德教师研修与素养提升》和《魅力德育——初中思政课教师的使命与思维创新》开展相应的文本编码处理。通过对相关指标框架的分类进行数据上的汇总，以期探讨教师专业发展的具体成效。口述分析主要依据访谈进行，围绕相应的指标框架进行访谈内容的设计，汇聚了12位教师的访谈文本，并形成相应的个案访谈结果以及总体访谈结论，多方论证了名师研修共同体对中学思政课教师专业发展的成效。这些成效具体表现为：(1)对思政课教师高度的身份认同。对于政治的认同是随着教学经验的增长逐渐丰富的，信政治才能讲政治是每位思政课教师的共识。(2)现阶段思政课教师实现了自我发展水平的提升，摆脱了"生存阶段"关注课堂管理的惯性思维，逐步趋向关注课堂情境的创设。(3)教师们在教育教学的历练过程中，开始逐渐具备稳定且颇具个人特色的个性特征。比如，利用自己幽默风趣的性格渲染教学氛围，促进良性的师生互动，或以自身力量触动学生；通过温柔和蔼的个性品质引导学生，以自己稳定的情绪感染学生；(4)在问到个人道德问题时，基地受访教师均表现出较高的道德性与反思性。(5)更多的基地教师们在形象上更加关注内外兼修。他们认为，自己的内涵底蕴、精神面貌能够潜移默化地影响学生。(6)在视野上，教师们注重开拓全方位的知识、兴趣视野。他们大多数人表示在教学之余发展多样化的兴趣，以增强生活的体验感，有助于丰富教学资源。

结 语

建议与反思

前文已从研究背景、文献综述、理论基础、现状调查、实践探索、成效分析等方面一一作了阐述，较为全面地回答了"名师研修共同体如何促进中学思政课教师专业发展"。本章据此提出建议并对这项研究做出反思。

一、对思政课教师专业发展与研修的建议

第一，初中道德与法治课教师应具备的"六要素"专业形象特征。

本文通过理论指引和现状调研，依据教师在专业发展阶段总体特征的架构中描绘教师自我专业发展意识与其他结构要素的发展性特征，通过开放式问卷、封闭式问卷和访谈，得出了"品行正、政治强、业务精、性格好、形象好、视野广"六大中学思政课教师专业形象特征；并基于此，构建了指标框架与指标内涵，回应了文献综述提出的教师专业发展有赖于专业标准的制定及教师专业发展标准应体现标准化、体系化和动态发展特性的要求，克服了以往思政课教师研修目标不够清晰的缺陷。因此，笔者认为"六要素"可以作为今后中学思政课教师专业标准的构建依据。

第二，名师研修共同体的顶层设计应建立在学生对好教师的期盼与时代对好教师的期待之基础上。

本研究兼顾国家对教师专业发展的要求、学生对教师专业发展的需求，以及教师自身发展的诉求，着重从学生视角分析了中学思政课教师的专业形象。对名师研修共同体促进教师专业发展内在机制的深入剖析，切实回应了习近平总书记提出的教师"要成为学生喜爱的人"，促使指标取向的研修共同体建设成效清晰，同时克服了过去仅仅关注个体经验总结，注重学习型组织的建立，实现了真正的共同体构建。因为只有实现团队利益与个人利益相统一的共同体，才是真正的共同体。只有在共同体中，个人才能获得全面而富有个性的发展。共同体的建立不一定需要奠基于同质化的个体之上，而是可以奠基于不同质的个体之上；奠基于异质的个体的共同体在竞争与合作中维持自身，并进一步将共同体及其内部的成员领向更高的层次。因此，同时把握学生对好教师的期待与时代对好教师的期盼，应成为名师研修共同体顶层设计的基础，将其融入研修目标的确定、研修内容的选择和研修课程的设计中。

第三，充分利用名师研修共同体的独特优势促进思政课教师的专

业发展。

本研究揭示了思政名师研修共同体这样一种运行机制，即以卓越教师的培养为目标，聚焦教学暨研究的课例研究，重视教师的同僚合作以及教师与专家、与学生等多方的合作，为教师提供体验式、沉浸式的专业发展研修情境，促使名师研修共同体从零散的研修个体、松散的研修集体向紧密的、有机的研修共同体转变，促进教师在研修中互动，在对话中分享，在碰撞中提升。同时，在考虑团队共性要求时兼顾每位教师的差异性特点，将教师的专业发展视为可发展的、动态的个体与其所在环境相互作用的结果。通过团体的力量和政策资源、学术资源和实践资源的整合优势，为教师的专业发展提供持续性的专业支撑和情感支持，进一步提升了教师在名师研修共同体中的获得感和归属感。研究发现，这种运行机制可以极大促进思政课教师的专业发展，是名师引领的教师研修共同体的优势所在，值得进一步给予支持、研究和完善。

第四，在探索名师研修共同体实际成效的研究路径方面，应加强基于证据的多元视角互证的调查研究。

本研究改变了过去思政课教师忽略对研修效果实证性的评估问题，而遵循调查研究的思路，通过技术性证据、专业智慧、实践经验的融通互补，量化数据、文本作品材料及理性思辨的多元互证，促使教师研修更具科学性和高效率。

同时，本研究依据动态性的多元视角互证的调查研究方法，根据培训对象的教育知识与能力不断丰富的特点，重点关注教师本身对课堂教学质量的影响，尝试基于教学评价、材料等方面对自身的专业能力提出更高的挑战，开展动态的研修实效性研究。例如，基于问卷调查的量化研究拓展了视野宽度，基于课例分析、文本作品分析、口述材料分析的质性研究提高了实践深度，多种方法综合化、立体式地互证了名师研修共同体在促进中学思政课教师专业发展方面具有显著的成效，提高了教师的政治素养，精进了教师的业务能力，锤炼了教师的品行修养，涵养了教师的内在性格，拓宽了教师的学术视野，塑造了良好的专业形象。

这样一种调查研究方法可以更广泛地运用于其他类型的教师研修模式上，使各种类型的教师研修都能基于证据进行科学的设计和实施，真正提高教师的研修实效。

二、反思与展望

思政课教师专业化发展是一个动态的、渐进的、长期的过程，还有许多方面有待进一步深化研究。比如，如何根据时代的发展要求和学生需求的变化为教师提供更有针对性的专业支持？如何利用大数据进一步跟踪和挖掘教师后续的实践成果和优秀经验？如何在更大范围、更深层次、更多领域发挥名师研修共同体的引领示范作用？本文未能对以上诸问题给予回应。这些问题应该成为未来名师研修共同体理论研究的重点内容和实践推进的重要方向。

以下几点既是本研究的反思，也是后续研究应关注的内容。

（一）思政课教师专业标准的研制

尽管本研究发现了基于学生视角的初中道德与法治教师"六要素"专业形象要求，但是如何结合时代要求和国家需求，从专业标准研制的角度，形成思政课教师专业化标准，值得加强研究。

（二）研修实效性的大数据调查研究机制的建设

如何克服研修目标不清晰、研修途径和机制的经验性重复问题，如何建设研修效果实证性的评估体系，如何实现动态的、长期的、渐进的研修共同体对思政课教师专业发展的社会支持、专业支持和反馈机制，应特别重视建设研修实效性的大数据调查研究机制来解答。

（三）研修共同体基于中国特色的理论研究

无论是回应中国式教育现代化的时代要求，还是体现高质量教育发展的专业需求，应进一步加强中国式名师研修共同体的理论思考和研究探索。特别是如何融合基于调查研究的师生发展需求，如何基于中国传统文化特色、中国式教育现代化的时代要求以及高质量教育发展的专业需求等诸要素，形成具备理论张力和实践指导能力的中国式名师研修共同体的创新理论，将成为下一步的研究课题。

参考文献

［1］中华人民共和国教育部.普通高中思想政治课程标准（2020年修订）［S］.北京：人民教育出版社，2020.

［2］檀传宝.德育教师的专业化与教师的德育专业化［J］.教育研究，2007（4）.

［3］王晓莉.教师专业发展的内涵与历史发展［J］.教育发展研究，2011（18）.

［4］Darling-Hammond L, etal. Professional learning in the learning profession：A status report on teacher development in the United Stnd abroad［M］. Oxford, OH：National Staff Development Council，2009.

［5］袁丽，周深几.新时代背景下教师专业性研究综述——基于指向教育公平与卓越的分析视角［J］.教师教育研究，2019（4）.

［6］教育部师范教育司.教师专业化的理论与实践［M］.北京：人民教育出版社，2003.

［7］宋宏福，方成智.论教师自我专业发展的有效途径［J］.湖南师范大学教育科学学报，2003（6）.

［8］张利荣，刘艳平.高校思政课教师专业化发展的困惑与对策［J］.教育与职业，2012（24）.

［9］李凤堂，王颖.教育科研力：思政课教师专业化发展的重要内驱力［J］.天津市教科院学报，2019（6）.

［10］钟启泉.现代课程论（新版）［M］.上海：上海教育出版社，2015.

［11］钟启泉.教师研修的模式与体制［J］.全球教育展望，2001（7）.

［12］佐藤学，于莉莉.基于协同学习的教学改革——访日本教育学者佐藤学教授［J］.外国中小学教育，2015（7）.

［13］刘涛.走向立体式研修［M］.成都：电子科技大学出版社，2015.

［14］刘爱英.校长研修共同体的构建［J］.中国教育学刊，2009（8）.

［15］魏登尖，邓焰.实践的张力：名师（发展）工作室建设研究［M］.福州：海峡文艺出版社，2019.

［16］刘穿石."名师工作室"的解读与理性反思［J］.江苏教育研究，2010（30）.

［17］韩爽，于伟.我国名师工作室研究的回顾与省思［J］.东北

师大学报（哲学社会科学版），2014（5）.

［18］刘万海．教师专业发展：内涵、问题与趋向［J］.教育探索，2003（12）.

［19］郭平，熊艳．教师专业发展概论［M］.成都：西南交通大学出版社，2017.

［20］斯滕伯格．教育心理学［M］.北京：中国轻工业出版社，2003.

［21］陈向明．从教师"专业发展"到教师"专业学习"［J］.教育发展研究，2013（8）.

［22］陈向明．实践性知识：教师专业发展的知识基础［J］.北京大学教育评论，2003（1）.

［23］程红艳，董英．新教师的专业发展［M］.武汉：华中师范大学出版社，2011.

［24］陈俊源．人工智能时代教师专业发展：契机、挑战与应对［J］.江汉大学学报（社会科学版），2021，38（4）.

［25］殷玉新，马洁．国外教师专业发展研究的新进展［J］.全球教育展望，2016（11）.

［26］朱新卓．"教师专业发展"观批判［J］.教育理论与实践，2002（8）.

［27］周钧．美国教师专业发展范式的变迁［J］.比较教育研究，2010（2）.

［28］陈时见，王春华．美国教师教育者的专业发展取向及启示［J］.比较教育研究，2012（11）

［29］蒋竞莹．教师专业化及教师专业发展综述［J］.教育探索，2004（4）.

［30］陈静静．佐藤学"学习共同体"教育改革方案与启示［J］.全球教育展望，2018（6）.

［31］曹洪娟．幼儿教师专业发展的有效途径：个人知识管理［D］.济南：山东师范大学，2013.

［32］鲍慧．论语文教师专业发展的有效途径——基于教育叙事研究［D］.西宁：青海师范大学，2017.

［33］董惠军．基于教师合作的教师专业发展途径探索［J］.中国教育学刊，2018（S1）.

［34］丘静．名师工作室引领区域内幼儿教师专业发展的个案研究——以重庆市Y区T名师工作室为例［D］.重庆：西南大学，2018.

［35］林美，刘莉．校本教研对教师专业发展的影响研究——基于北京市S小学的个案调查［J］．教育学术月刊，2016（8）．

［36］张筱玮．教育科研与教师专业发展［M］．长春：东北师范大学出版社，2005.

［37］康淑敏，李保强，马秀峰，等．互助协同发展：中学教师专业发展的有效途径［J］．教育研究，2011，32（12）．

［38］李王伟，徐晓东．数据团队——促进教师专业发展的新途径［J］．电化教育研究，2021，42（8）．

［39］徐君．自我导向学习：农村教师专业发展的有效途径［J］．教师教育研究，2009，21（3）．

［40］宋广文，魏淑华．论教师专业发展［J］．教育研究，2005（7）．

［41］王建军．课程变革与教师专业发展［M］．成都：四川教育出版社，2004.

［42］朱旭东，周钧．教师专业发展研究述评［J］．中国教育学刊，2007（1）．

［43］中国政府网．教育部等五部门印发《关于加强新时代中小学思想政治理论课教师队伍建设的意见》[EB/OL].https://www.gov.cn/xinwen/2019-10/14/content_5439291.htm.

［44］National Council for the Social Studies. National standards for the preparation of social studies teachers［S］. Silver Spring, MD：NCSS, 2018.

［45］National Council for the Social Studies. The college, career, and civic life（c3）framework for social studies state standards：Guidance for enhancing the rigor of K-12 civics, economics, geography and history［M］. Silver Spring MD：NCSS, 2013.

［46］卢乃桂，钟亚妮．国际视野中的教师专业发展［J］．比较教育研究，2006（2）．

［47］前原健二，徐程成．日本教师培养的"高度化"与教师职业的社会地位［J］．外国教育研究，2016（5）．

［48］钟启泉，张文军，王艳玲等．教师教育课程标准的国际比较研究［J］．全球教育展望，2008（9）．

［49］冯雅静，朱楠，王雁．美国国家性教师专业标准中融合教育相关要求探析［J］．教师教育研究，2016（4）．

［50］张治国．美国四大全国性教师专业标准的比较及其对我国的借鉴意义［J］．外国教育研究，2009（10）．

［51］王艳玲. 英国"一体化"教师专业标准框架评析［J］. 比较教育研究, 2007（9）.

［52］李冬耘. 初中英语教师专业发展研究: 现状与对策［J］. 河北师范大学学报（教育科学版）, 2012（6）.

［53］杜新秀. 小学英语教师专业发展的问题与对策［J］. 教育学术月刊, 2010（5）.

［54］寻阳. 从教师身份认同看我国英语教师的专业发展——基于中学教师的实证研究［J］. 当代教育科学, 2015（12）.

［55］刘思阳. 建构主义视野下的反思型英语教师专业发展［J］. 教育与职业, 2012（29）.

［56］王淑莲, 金建生. 教师协同学习共同体: 教师专业发展新范式［J］. 中国高教研究, 2017（1）.

［57］杜静, 常海洋. 教师专业学习共同体之价值回归［J］. 教育研究, 2020（5）.

［58］蔡志中. 试论新课程背景下历史教师专业素质的发展［J］. 当代教育论坛（教学版）, 2010（3）.

［59］谭颖辉. 中学历史教师专业化发展新探［J］. 现代中小学教育, 2007（11）.

［60］张家辉. 促进地理学科核心素养培育的地理教师专业发展策略［J］. 地理教学, 2021（14）.

［61］顾绍琴, 卡门·布里希, 理查德·布恩. 基于视频的教师专业发展新路径——以一项美国地理教师专业发展项目为例［J］. 全球教育展望, 2013（10）.

［62］胡艳, 邹学红. 美国教师专业发展学校标准评析［J］. 教师教育研究, 2010, 22（3）.

［63］胡惠闵, 汪明帅. 美国教师专业发展学校与教育实习改革的经验与启示［J］. 全球教育展望, 2011（7）.

［64］李昱辉. 日本教师专业发展的特征与动向——基于2005～2014年专业期刊的分析［J］. 比较教育研究, 2016, 38（8）.

［65］袁丽. "学校学习共同体"理念在亚洲的发展及实践经验［J］. 比较教育研究, 2016, 38（1）.

［66］蓝维. 德育专业化的关键: 德育教师的专业发展［J］. 教育研究, 2007, 28（4）.

［67］桑国元, 叶碧欣. 道德与法治教师的专业发展模式构想［J］.

中小学德育, 2018 (11).

[68] 罗嫣才, 蔡檬檬. 我为什么选择小学道德与法治学科?——基于18名骨干教师专业发展动机访谈数据的质性分析 [J]. 中国教育学刊, 2021 (7).

[69] 房源清, 王宝义. 对中学政治教师专业发展的思考 [J]. 教育探索, 2006 (5).

[70] 刘建德. 新课程实施中政治教师专业发展的思考 [J]. 思想政治课教学, 2004 (11).

[71] 张育花. 教师德育专业化发展的内涵深化与实践推进——来自杭州钱塘新区的探索 [J]. 中小学德育, 2019 (10).

[72] 毛伟娜. 小学德育教师专业属性多维寻绎 [J]. 中小学德育, 2019 (6).

[73] 蓝维, 杨启华. 中学德育课程与教师专业发展 [M]. 北京: 首都师范大学出版社, 2013.

[74] 裴云. 中学德育课教师专业发展调查研究 [J]. 教学与管理, 2005 (30).

[75] 余彬. 思想政治教师专业发展的困境与对策探讨 [J]. 内蒙古师范大学学报 (教育科学版), 2014 (2).

[76] 李敏, 刘慧. 德育教师专业化: 溯源与展望 [J]. 中小学德育, 2019 (6).

[77] 单志艳. 走向中国特色教师专业学习共同体的教研组变革 [J]. 教育研究, 2014 (10).

[78] 张平, 朱鹏. 教师实践共同体: 教师专业发展的新视角 [J]. 教师教育研究, 2009 (2).

[79] 罗嫣才. 教研参与对小学道德与法治教师专业发展的影响研究 [J]. 课程. 教材. 教法, 2020 (5).

[80] 倪羽佳, 唐汉卫, 王欣玉. 美国社会科教师专业化: 内涵、经验及启示 [J]. 上海教育科研, 2020 (10).

[81] 范微微, 张鸣晓. 美国社会科教师国家标准解析 [J]. 外国教育研究, 2017 (12).

[82] Cartwright W H. Social studies / history: The competencies needed by social studies teachers [J]. The High School Journal, 1956, 40 (1): 7-14.

[83] Jack Zevin. Social studies for the twenty-first century:

Methods and materials for teaching in middle and secondary schools［M］. New York & London：Longman，1992.

［84］Rahima C Wade. Developing active citizens：Community service learning in social studies teacher education［J］. *The Social Studies*，1995（86）：3，122-128.

［85］Mcarthur Janice. Involving preservice teachers in social studies content standards：Thoughts of a methods professor［J］. *The Social Studies*，2004，95（2）：79-82.

［86］吴海荣. 教育分权下英国学校公民教育的课程差异与困境［J］. 外国教育研究，2014（7）.

［87］赵诗.《墨尔本宣言》以后澳大利亚公民学与公民资格教育研究［D］. 中国地质大学，2016.

［88］房艳梅. 日本教师研修制度及对中国教师教育的启示［J］. 河南师范大学学报（哲学社会科学版），2013，40（1）.

［89］丛立新. 沉默的权威——中国基础教育教研组织［M］. 北京：北京师范大学出版社，2011.

［90］张玉琴，赵晓凤. 日本教师现职研修制度改革研究［J］. 日本问题研究，2005（2）.

［91］高峡. 日本的教师研修制度和教学研究的展开［J］. 教育学报，2014，10（6）.

［92］高向杰. 日本第三次教育改革以来教师研修制度研究［J］. 河北师范大学学报（教育科学版），2013（8）.

［93］谢颖. 日本教员研修中心研究［D］. 上海师范大学，2011.

［94］徐程成，饶从满. 日本校内研修的问题考察与对策分析——基于日本校内研修的相关研究文献［J］. 比较教育研究，2017（12）.

［95］朱艳. 比较视角中的英国中小学教师培训［J］. 教育研究与实验，2014（6）.

［96］孔凡琴，孟繁胜. 英国校本培训的实践特色及对我国的启示［J］. 中小学教师培训，2016（7）.

［97］毛齐明. 国外"教师学习"研究领域的兴起与发展［J］. 全球教育展望，2010，39（1）.

［98］杨明全. 从教学专业化看美国在职教师进修计划［J］. 外国教育研究，2000（3）.

［99］吴斯. 美国中小学教师在职进修的研究［D］. 辽宁师范大

学, 2013.

［100］Hobson A J. Student teachers' perceptions of school-based mentoring in initial teacher training（ITT）［J］. Mentoring & Tutoring, Partnership in Learning, 2002, 10（1）: 5-20.

［101］Harris D N, Sass T R. Teacher training, teacher quality and student achievement［J］. *Journal of Public Economics*, 2007, 95（7-8）: 798-812.

［102］李姗泽, 蒋华青, 孙亚娟. 芬兰"合作行动计划"教师学习模式探析——基于扩展学习理论的实践探索［J］. 外国中小学教育, 2016（8）.

［103］李俐, 陈时见. 芬兰中小学教师的在职培训及启示［J］. 当代教育科学, 2013（8）.

［104］中国经济网. 在第一次全国教育工作会议上的总结报告要点［EB/OL］. http://www.ce.cn/xwzx/gnsz/szyw/200705/24/t20070524_11477972.shtml.

［105］余旦溪. 地、市教师进修学院的双重性［J］. 黄石教师进修学院学报, 1985（2）.

［106］钟启泉. 教师研修: 新格局与新挑战［J］. 教育发展研究, 2013（12）.

［107］朱旭东. 论"国培计划"的价值［J］. 教师教育研究, 2010, 22（6）.

［108］朱旭东. 论"国培计划"的价值重估——以构建区县教师教育新体系为目标［J］. 云南师范大学学报（哲学社会科学版）, 2019, 51（3）.

［109］王定华. 新时代我国中小学教师国培的进展与方略［J］. 全球教育展望, 2020, 49（1）.

［110］朱福荣. "浇根式改善型"培训助力教师专业发展［J］. 中国教师, 2017（11）.

［111］郑开义, 张景斌. 构建实践取向的教师研修模式［J］. 首都师范大学学报（社会科学版）, 2011（3）.

［112］郑百伟. 提高"种子"教师研修质量探索［J］. 教育发展研究, 2012, 32（8）.

［113］王洁, 王丽琴. 成为知识的发现者和建构者: 中小学骨干教师研修的新方式［J］. 中国教育学刊, 2018（5）.

［114］李克东. 提升网络教师实践社区活动绩效研究［J］. 中国电

化教育, 2012（1）.

［115］何晓青, 柯和平. 基于虚拟学习社区的教师实践性知识管理之典型模式构建及实践研究［J］. 电化教育研究, 2014（9）.

［116］王秀秀, 马秀群. 基于学习过程的教学观摩活动探析［J］. 教育教学论坛, 2013（5）.

［117］杨海茹, 叶梨萍, 刘清堂, 等. PST 视域下教师网络研修模式的设计及应用［J］. 中国教育信息化, 2020（5）.

［118］邢郁莹, 肖其勇. 基于 CIPP 和柯氏评估模型的教师工作坊研修评价指标体系的构建［J］. 继续教育研究, 2021（6）.

［119］沈军. "中小学教师国家级培训计划" 项目绩效评价指标体系研究［J］. 高教发展与评估, 2012, 28（6）.

［120］谭文丽. 教师教育进行时——成都的实践与思考［M］. 北京: 教育科学出版社, 2015.

［121］蒋洪兴. 有效学习视域下的校本研修导引［M］. 长春: 东北师范大学出版社, 2016.

［122］周文叶. 开展基于表现性评价的教师研修［J］. 全球教育展望, 2014（1）.

［123］王光伟. 基于质性评价的有效教师校本研修初探［J］. 教育测量与评价（理论版）, 2011（2）.

［124］徐建利. 教师网络研修评价指标体系构建研究［D］. 西北师范大学, 2015.

［125］张育花. 教师德育专业化发展的内涵深化与实践推进——来自杭州钱塘新区的探索［J］. 中小学德育, 2019（10）.

［126］彼得·圣吉（Peter. M. Senge）. 第五项修炼——学习型组织的艺术与实务［M］. 郭进隆. 译. 上海: 上海三联书店, 1998.

［127］冯友兰. 中国哲学简史［M］. 北京: 生活·读书·新知三联出版社, 2009.

［128］佐藤学. 学校的挑战: 创建学习共同体［M］. 钟启泉, 译. 上海: 华东师范大学出版社, 2010.

［129］钟启泉. 从课堂失范走向课堂规范——兼评《学校的挑战: 创建学习共同体》［J］. 全球教育展望, 2011（1）.

［130］宋崔. 走向学习本位的新时代教师专业发展体系构建［J］. 教育发展研究, 2021, 41（4）.

［131］申继亮. 教师人力资源开发与管理: 教师发展资源［M］.

北京：北京师范大学出版社，2006.

［132］叶澜，白益民，王枬，等．教师角色与教师发展新探［M］．北京：教育科学出版社，2001.

［133］卢晓东．超越因材施教的小学分班原则研究［J］．华东师范大学学报（教育科学版），2018，36（1）.

［134］中华人民共和国教育部．中小学教师职业道德规范（2008年修订）［EB/OL］．2022-10-10，http：//www.moe.gov.cn/jyb_xwfb/moe_2082/moe_183/tnull_38633.html.

［135］陈保红，单伟龙．"互联网+"视阈下大学生自主学习能力培养研究——以大学英语为例［J］．中国电化教育，2021（12）：139-145.

［136］国家统计局．中国统计年鉴［EB/OL］.https://www.stats.gov.cn/sj/ndsj/2021/indexch.htm.

［137］谭红岩，孟钟捷，戴立益．大中小学课程思政一体化建设的路径分析［J］．教师教育研究，2022，34（2）.

［138］朱宁波，严运锦．名师工作室中名师身份解析：回归、拓展和超越［J］．教育科学，2019，35（2）.

［139］申秀英，凌云志，张登玉，等．教师培训模式创新研究与实践［M］．北京：光明日报出版社，2019.

［140］王伯康，周耀威．塑造教师新形象——教师成为研究者之必要性、可能性及途径［J］．高等师范教育研究，2001（1）.

［141］李更生，刘力．走进教育现场：基于研修共同体的教师培训新模式［J］．教育发展研究，2012，32（8）.

［142］黎琼锋．从课堂观摩到教学反思——关于教师继续教育评价的构想［J］．继续教育研究，2005（1）.

［143］全力．名师工作室环境中的教师专业成长——一种专业共同体的视角［J］．当代教育科学，2009（13）.

［144］顾泠沅，王洁．促进教师专业发展的校本教学研修［J］．上海教育科研，2004（2）.

［145］刘清堂，张思．教师混合式培训中主题研修活动设计模型研究［J］．中国电化教育，2015（1）.

［146］鱼霞，毛亚庆．论有效的教师培训［J］．教师教育研究，2004（1）.

［147］胡艳．影响我国当前中小学教师培训质量的因素分析［J］．教师教育研究，2004（6）.

附 录 "学生心目中的初中
道德与法治课好教师"调研问卷

同学好! 每个人都想遇到好教师,你心目中理想的初中道德与法治课好教师是什么样的? 目前你的任课教师是否是你心目中的好教师? 为了了解这些情况,我们开展了此次问卷调查,旨在通过调查,有针对性地对教师进行培养,让更多的教师成为你心目中的好教师。本问卷匿名,所收集的数据仅用于项目研究,请放心填写。问卷填写大约需要 10 分钟。谢谢你的支持!

1. 你的性别是? [单选题]*

○男　　　　　　　　　　　○女

2. 你的年级是? [单选题]*

○六年级(预备班)　　　　○七年级(初一)

○八年级(初二)　　　　　○九年级(初三)

3. 目前给你上课的道德与法治教师大概年龄是? [单选题]*

○ A. 青年(20—35 岁)　　○ B. 中年(36—50 岁)

○ C. 老年(50 岁以上)

4. 目前给你上道德与法治课的教师性别是? [单选题]*

○ A. 男　　　　　　　　　○ B. 女

5. 你喜欢道德与法治这门课吗? [单选题]*

○ A. 喜欢　　　　○ B. 一般　　　　○ C. 不喜欢

6. 道德与法治教师在你心目中留下的印象好不好? [单选题]*

○ A. 好　　　　　　○ B. 一般　　　　　○ C. 不好

7. 道德与法治课好教师是什么样的? 请从以下 6 个特征中选择 3 个,并按重要性程度从大到小排列。[矩阵单选题]*

	政治强	业务精	性格好	品行正	形象美	视野宽
第一位	○	○	○	○	○	○
第二位	○	○	○	○	○	○
第三位	○	○	○	○	○	○

8. 请你对目前教你们班道德与法治课的教师做一个评价。[矩阵单选题]*

	符合	一般	不符合
政治强	○	○	○
业务精	○	○	○
性格好	○	○	○
品行正	○	○	○
形象美	○	○	○
视野宽	○	○	○

9. 教师若有以下言行,请勾选;若没有,可不勾选。[多选题]
□ 违背党的路线方针政策
□ 污蔑丑化党和国家领导人、英模人物
□ 歪曲或否定党史、国史、军史
□ 认为西方资本主义制度比我国的社会主义制度先进、优越
□ 认为我国的传统文化太守旧,应该全盘否定
□ 反华、辱华、丑华,贬低中华民族
□ 宣扬宗教和迷信
□ 认为共产主义是乌托邦,永远不可能实现

10. 你是否希望教你的老师是党员? [单选题]*
○希望　　　　　　　○无所谓　　　　　　　○不希望

11. 教师是否讲授或要求同学们做到以下方面? 若没有,可不勾选。[多选题]
□ 向雷锋学习,做新时代下爱奉献的人
□ 关心弱势群体,弘扬公平正义
□ 具有强烈的法律意识、纪律意识、规矩和规则意识,提倡知法守法
□ 用正能量引导同学们做好人、做好事

12. 教师能否考虑学生的具体情况因材施教? [单选题]*
○能　　　　　　　○一般　　　　　　　○不能

13. 教师是否经常在课后征求同学们对上课情况的反馈? [单选题]*
○是　　　　　　　○无法判断　　　　　　　○不是

14. 如果同学和教师的意见不一致,教师是否认真听取学生的意见? [单选题]*
○是　　　　　　　○无法判断　　　　　　　○不是

15. 教师能否根据学生在课堂上的反应及时调整授课内容和方式方法? [单选题]*

○能　　　　　　　　○不清楚　　　　　　　　○不能

16. 教师在教学中,除了传授学科知识和技能外,还会教什么(若没有,可不勾选)[多选题]*

□ 教会我们掌握马克思主义的立场、观点和方法
□ 要求我们践行社会主义核心价值观
□ 对学生个人品质的培养做指引
□ 对人生理想、个人成长作指导

17. 你认为你的教师是否关注以下素养的培育? [矩阵单选题]*

	很关注	一般	不关注
政治认同	○	○	○
道德修养	○	○	○
法治观念	○	○	○
健全人格	○	○	○
责任意识	○	○	○

18. 你认为当前道德与法治课需要重点加强哪些方面内容? [矩阵单选题]*

	需要	不清楚	不需要
理想信念教育	○	○	○
社会主义核心价值观教育	○	○	○
中华优秀传统文化教育	○	○	○
生态文明教育	○	○	○
心理健康教育	○	○	○

19. 教师是否对学生关心和感兴趣的社会热点进行分析和讨论? [单选题]*

○是　　　　　　　　○无法判断　　　　　　　　○不是

20. 教师是否要求学生主动关注时政新闻、国家大事? [单选题]*

○是　　　　　　　　○偶尔是　　　　　　　　○不是

21. 教师的教学内容是否和实际生活密切联系? [单选题]*

○是　　　　　　　　○无法判断　　　　　　　　○不是

22. 教师是否在课堂中有效开展生命教育？［单选题］*
○是　　　　　　　　○无法判断　　　　　　　　○不是

23. 你感觉教师备课是否充分？［单选题］*
○是　　　　　　　　○无法判断　　　　　　　　○不是

24. 你喜欢什么样的学习形式？［单选题］*
○教师指导后学习　　　○小组讨论合作学习　　○自主学习

25. 你最希望教师运用哪些教学方法？［多选题］*
□ 照本宣科，死记硬背　　　　　□ 讲故事，讲历史
□ 举例子，讲案例　　　　　　　□ 互动问答，启发式教学
□ 联系生活，联系实际　　　　　□ 重考分，画重点
□ 社会实践，外出参观
□ 其他，如 _____ *

26. 教你的老师主要运用哪些教学方法？［多选题］*
□ 照本宣科，死记硬背　　　　　□ 讲故事，讲历史
□ 举例子，讲案例　　　　　　　□ 互动问答，启发式教学
□ 联系生活，联系实际　　　　　□ 重考分，画重点
□ 社会实践，外出参观
□ 其他，如 _____ *

27. 教师运用这些教学方法产生的效果如何？［单选题］*
○有效　　　　　　　○效果一般　　　　　　○效果不大

28. 教师会不会借助多媒体设施辅助教学？［单选题］*
○有时候会　　　　　　　　○基本不会

29. 教师能不能教学生理性看待热点事件，善于批判解读网络上的信息？［单选题］*
○能　　　　　　　　○无法判断　　　　　　　○不能

30. 教师能不能采取多种方式摆事实讲道理？［单选题］*
○能　　　　　　　　○无法判断　　　　　　　○不能

31. 教师能不能把道德与法治课中的道理讲明白？［单选题］*
○能　　　　　　　　○无法判断　　　　　　　○不能

32. 目前由谁来评价学生的学习情况？［多选题］*
□教师评价　　　　　　　□同伴互评
□学生自评　　　　　　　□家长评价
□其他 _____ *

33. 教师是否"唯分数论"？［单选题］*
○是　　　　　　　　○无法判断　　　　　　　　○否

34. 教师是否及时关注学生在课堂上的表现？［单选题］*
○是　　　　　　　　○无法判断　　　　　　　　○否

35. 教师布置的作业是否过量？［单选题］*
○作业太多　　　　　　○合适　　　　　　　　○作业太少

36. 你认为道德与法治课的课堂气氛是否融洽？［单选题］*
○是　　　　　　　　○无法判断　　　　　　　　○不是

37. 你认为道德与法治课的课堂秩序是否良好？［单选题］*
○是　　　　　　　　○无法判断　　　　　　　　○不是

38. 你最希望教师有什么样的性格？请按希望的程度从大到小排列。［矩阵单选题］*

	幽默、风趣	温柔、和蔼	乐观、自信	耐心、沉稳	开明、包容
第一位	○	○	○	○	○
第二位	○	○	○	○	○
第三位	○	○	○	○	○
第四位	○	○	○	○	○
第五位	○	○	○	○	○

39. 教师是否敬业？［单选题］*
○是　　　　　　　　○无法判断　　　　　　　　○否

40. 教师是否体罚过学生？［单选题］*
○是　　　　　　　　○无法判断　　　　　　　　○否

41. 教师是否辱骂过学生？［单选题］*
○是　　　　　　　　○无法判断　　　　　　　　○否

42. 教师是否偏心成绩好的学生？［单选题］*
○是　　　　　　　　○无法判断　　　　　　　　○否

43. 教师是否教学严谨？［单选题］*
○是　　　　　　　　○无法判断　　　　　　　　○否

44. 教师是否以身作则、身先示范？［单选题］*
○是　　　　　　　　○无法判断　　　　　　　　○否

45. 教师是否积极向上、有追求？［单选题］*
○是　　　　　　　　○无法判断　　　　　　　　○否

46. 教师是否爱耍滑头，不正直？［单选题］*

○是　　　　　　　○无法判断　　　　　　　○否

47. 教师是否说话不算数，不够诚信？［单选题］*

○是　　　　　　　○无法判断　　　　　　　○否

48. 教师是否不拘小节甚至粗鲁不礼貌？［单选题］*

○是　　　　　　　○无法判断　　　　　　　○否

49. 教师是否缺乏爱心，不愿帮助他人？［单选题］*

○是　　　　　　　○无法判断　　　　　　　○否

50. 教师上课是否精神饱满？［单选题］*

○是　　　　　　　○无法判断　　　　　　　○否

51. 教师是否打扮得体？［单选题］*

○是　　　　　　　○无法判断　　　　　　　○否

52. 教师是否举止大方？［单选题］*

○是　　　　　　　○无法判断　　　　　　　○否

53. 教师的知识是否丰富？［矩阵单选题］*

	是	无法判断	否
马克思主义等理论知识	○	○	○
道德知识	○	○	○
法律知识	○	○	○
生命安全与健康知识	○	○	○
国情知识	○	○	○
传统文化知识	○	○	○
科学知识	○	○	○
历史知识	○	○	○
国际知识	○	○	○

54. 教师是否照本宣科，没多少实践经验？［单选题］*

○是　　　　　　　○无法判断　　　　　　　○否

55. 教师是否对社会人情世故了解多，阅历较丰富？［单选题］*

○是　　　　　　　○无法判断　　　　　　　○否

56. 教师是否有文艺、体育、手工等方面的爱好特长？［单选题］*

○是　　　　　　　○无法判断　　　　　　　○否

后　记

怀着对年轻时攻读博士学位的梦想，以及作为已经获评特级教师、正高级教师终身学习的需求，知天命的我斗胆报考了华东师范大学教育博士学位，内心充满重回母校读书的激动与美好，以及丰富自己教育理论功底的美好憧憬，踏上了理论与实践结合、高位引领学科发展的博士学位攻读之路。

读博士的 4 年，时光飞逝，日月如梭。工作之余的学习，让我充实并快乐；学习之后的工作，使我锦上添花！在学习和工作的融合中，我的人生变得更加丰盈。

特别感谢导师沈晓敏教授对我的悉心指导、帮助和鼓励。从报考到学习，从选题到开题，从研究设计到框架研制，从论文初稿、几易其稿到定稿，乃至完成学业，其间倾注了导师大量的心血。从导师身上，我不仅学到了严谨的治学态度，更学到了为学、为师、为人的高尚品格。

感谢丁刚、闫光才、马和民、吴刚、钱初熹、王祖浩、徐斌艳、董蓓菲、段玉山、汪晓勤、胡耀宗、刘海波、郑太年、张建明、陈向东、潘苏东、张心科、裴新宁、柯政、周加灿、李先春、叶军、林欣等所有给我上过课的教师，在各个专业领域引领我前行。他们中的很多教授如今都成为我人生路上的良师益友。

感谢徐汇区教育局、徐汇区教育学院领导为我提供外出学习的机会，感谢华东师范大学教师教育学院前院长周彬对我的生涯指导，让我感知博士学位的厚重；感谢国家干部学院王君教授、华东理工大学黄子杰博士给予我的提点扶持，让我感受前行路上的温暖；感谢上海师范大学刘次林教授、刘金松教授和南京师范大学朱曦教授团队给予我的协助支持，让我感受到前进的力量；感谢华东师范大学刘红梅、任家萍、汪妮等教师对我各项任务细心周到的提醒；感谢程力、陈嘉琪等师门兄弟姐妹们专业上的支持，让我感受到师门的友谊；感谢同学们的经验分享，让我有了前行有伴的勇气；感谢亲朋好友对我攻读博士学位的理解、包容和鼓励，让我拥有前进的动力……感念，感谢，感恩所有在我求学期间关心过我、帮助过我的人！

感谢各区中学思政学科的教研员和几十所学校的学科教师们，是你们帮我组织了开放式问卷和封闭式问卷，促使我从调研中深入了解了当今教师和学生心目中的中学思政课教师的专业形象；感谢上海市徐汇、闵行、金山、浦东、嘉定、宝山、崇明等几十所中学的校长与教师,是你们认真组织了6000多名学生参与网络问卷,促使我能客观地了解到学生喜欢的中学思政课教师的具体形象,促使我能够客观勾勒出教师专业形象特征;感谢三期基地教师们的积极配合,让我搜集到几十万字关于基地(研修共同体)对你们专业影响的访谈记录,促使我对名师研修共同体促进中学思政教师专业发展有了一个明晰的靶向,以及改进的思路和灵感。

人生何其短,短得有时来不及看看回时的路,就已经老去;人生又何其长,孔夫子时代的教育经验能够跨过几个世纪,依然还存在世间。在华东师范大学读博的日子里,我一直在思考,如何让更多的思政课教师成为学生喜欢的人,为学生们的健康成长和生命绽放保驾护航?我想,这就需要我们自觉更新教育理念——基于学生视角,做到心中有人,着力育人;这就需要教师专业自觉,认真落实党和国家的要求、思政学科的要求以及满足学生思想道德发展的需求,努力成为卓越教师;这就需要更多的名师研修共同体,主动把实践与理论对接,科学地、有效地、与时俱进地培育中国新时代众多魅力教师。这都是我今后努力的方向,也是我想与众多名师研修共同体主持人分享的一点心得,可能也是我新时代的一个新的教育梦想吧。

秦红

2023 年 4 月

图书在版编目（CIP）数据

"名师研修共同体"促进思政课教师专业发展研究 /
秦红著.— 上海：上海教育出版社，2024.1
ISBN 978-7-5720-2448-1

Ⅰ.①名… Ⅱ.①秦… Ⅲ.①政治课 – 中学教师 – 师
资培养 – 研究 Ⅳ.①G633.202

中国国家版本馆CIP数据核字(2024)第009283号

责任编辑　戴燕玲
封面设计　周　吉

"名师研修共同体"促进思政课教师专业发展研究
秦　红　著

出版发行　上海教育出版社有限公司
官　　网　www.seph.com.cn
地　　址　上海市闵行区号景路159弄C座
邮　　编　201101
印　　刷　上海商务联西印刷有限公司
开　　本　700×1000　1/16　印张14　插页1
字　　数　230千字
版　　次　2024年3月第1版
印　　次　2024年3月第1次印刷
书　　号　ISBN 978-7-5720-2448-1/G·2165
定　　价　78.90元

如发现质量问题，读者可向本社调换　电话：021-64373213